他人是如何影响我们的

恰到好处的人际关系

魏娅 著

中国法制出版社
CHINA LEGAL PUBLISHING HOUSE

前言 PREFACE

在我看来，生活是变幻莫测的，每时每刻都在眼前幻化出不同的景象。而沉浸在其中的我们，常常有“雾里看花，水中看月”的错觉。为了更好地生活，我们必须拨开眼前的层层迷雾，透过现象，直击本质，妥善地面对属于自己的人生课题。

对内，我们需要学习如何认识自我，直面内心；对外，我们需要学习如何处理职场、家庭、情感领域的各类人际关系，学习如何面对生活中随时可能出现的问题，并找到相应的解决方法。也许每个人的侧重点有所不同，但是这些问题是我们每个人都无法回避，都是值得认真思考的，特别是对年轻的朋友们来说。

我觉得二十岁出头的年纪，是最容易感到痛苦和迷茫的时期。就以我为例，大学毕业之后步入职场，生活发生了翻天覆地的变化，整个人的成长过程可以用“撕裂”来形容。

突然之间，我需要扮演的社会角色就丰富起来。首先从懵懂无知的学生变成职场新人，后来又演变成职场资深人士；个人感情方面，从单身女性步入婚姻殿堂；家庭方面，父母逐渐老去，我需要更快地成熟起来，担负起更多的责任。

现在回想起那段时光，依然能体会当时的心情。那是一种复杂的情绪，迷茫又焦虑，痛苦又无助。虽然我无时无刻不在思考人生的意义，但是最终依然一无所获。

每一天都像是在浓雾中前行，我看不清方向，也找不到出路。没有人给我任何指引，我只能闭着眼睛摸黑前进。现实像一双看不见的手，把我从美好的象牙塔里拉出来，然后毫不留情地直接抛入无边无际的社会大海。我必须一刻不停地游动，费力地摆动手臂，才能避免自己被海浪彻底淹没。

社会角色丰富的同时，人际关系也变得复杂起来。如何面对这些复杂的人际关系呢？这是我之前从未认真思考过的问题，也没有任何人教过我。人际关系的问题就这样摆在面前，麻烦又复杂，与家人、爱人、同事、朋友相处，都需要技巧和方法。

人际关系不容忽视，因为你不可能生活在真空中，不可避免地需要和人交往。这里我和大家分享一项哈佛大学长达七十五年的研究成果：什么样的人活得最幸福？答案竟然是那些和家人、朋友甚至邻居保持良好关系的人，是那些喜欢主动和人交往的人。美好人生，从良好的人际关系开始。你是不是觉得很不可思议呢？

许多人持有这样的观点：人际关系不需要学习，都是天生的，和性格相关。有些人天生就擅长处理人际关系，而有些人即使认真去学，也不可能学会。实际情况真是如此吗？我觉得人际关系是后天习得的。少数人的父母擅长交际，所以他们从小模仿父母，在耳濡目染中就学会了处理人际关系的技巧。而很多人并不拥有这样的家庭条件，甚至可能连自己的父母都不懂人情世故，所以他们自然也不擅长。

不会处理人际关系的人，在生活中是很吃亏的，相信许多人有这样的困扰。不过我认为，人际关系是一门学问，而只要是学问，就是可以学习的。为了找到这些人生课题的答案，我一直在上下求索。不过请记住，千万不要放弃，总有一天你会找到属于自己的答案。

感谢那些陪伴我度过迷茫时期的朋友和书籍，特别是书籍，它们成为我前进过程中的点点星光，是它们照亮我的眼睛，帮我拨开迷雾。我回头能看见来时的路，抬头能清楚知道未来的人生规划。

如今，在三十而立的时间节点，我终于形成了相对稳定的世界观，这可算是一件幸运之事。我很喜欢李银河的一段话：“其实所谓的开悟，就是一个宏观视角，用宏观的、鸟瞰的视角来看你的生命。在开悟之后，要尽量地、尽情地去满足所有的欲望，你就可以很好地享受你的人生。”

在这本书里，我不想去讲什么人生哲理，或者是老生常谈的做人道理，我只想讲一些有意思的故事，分享一些自己曾经遇到的困难和挫折，以及面对不同问题的应对方法。

第一章我认为是整本书中最重要的一部分，也就是“认识你自己”。希腊古城德尔斐的阿波罗神殿上刻有七句名言，其中流布最广、影响最深，以至被认为点燃了希腊文明火花的却只有一句，那就是：“人啊，认识你自己。”

认识自己是构筑稳定世界观的基石，但是想清楚地认识自己并非易事。在不断思考和探索的过程中，我彻底打破了之前对自己的错误设定，接受自己不过是个普通人的真相。同时，我也开始寻找自己的人生追求，探索内心真正渴望的东西，以及采用一种让心灵感到舒适自由的生活方式。

认识自己的唯一方法就是认真倾听内心，不断和自己对话，并且有勇气追随自己的直觉和渴望。不要让别人的想法扰乱自己的思绪，不要让世俗的观点淹没自己的声音。当你明白独立思考的重要性，不再人云亦云的时候，你会发现，曾经那些萦绕在耳边的嘈杂的声音全部都消失了。此刻，你和自己面对面，你清醒地知道自己应该走哪一条路。

第二章我想聊聊与原生家庭和解的过程。经过青春期的叛逆之后，再经历社会无情的锤炼，我终于明白原生家庭对我的意义。我们要去接受不能改变的一切，包括自己的原生家庭。我猜想大多数原生家庭的状况都是不尽如人意的，甚至很多原生家庭的氛围给孩子带来了巨大的心理阴影。

但是我觉得，太过强调原生家庭对人的负面影响，也是一种错误引导。我在网上看到这样一种言论：“原生家庭的阴影需要用一辈子的时间去摆脱，甚至可能永远都走不出它的阴影。”这种言论，只会让出生在不幸福家庭的人更加坚信自己无法拥有幸福。这是一种负面的心理暗示，这样消极的想法，只会阻碍人们追求幸福的脚步。

我对待原生家庭的态度是：过去的事情我们无法决定，但是要将未来掌握在自己手中。我们不要把生活中所有的不顺利、不开心，全部归结为原生家庭的阴影。每个人在成熟之后，都应该有独立地生存下去的能力。越是独立强大的人，越能够摆脱原生家庭的控制。

此外，我们的父母是无法选择的，但是我们的想法和行为是可以控制的，我们应该选择让自己感到舒服的方式。我并不要求所有人都去原谅自己的父母，也不认为所有人都应该和父母和解。比起和原生家庭和解，更重要的是和过去那个受伤害的自己和解。你需要把过去的自己从悲伤的回忆中拉出来，伸出援手，不要让他在痛苦的泥潭中越陷越深。我觉得和原生家庭和解，更重要的意义是“放过自己”，不再浪费生命纠结过去，给自己一个机会去展望未来。

本着让自己舒适的原则，你可以选择永远记恨自己的父母，你也可以选择原谅。其实在我看来，随着时间的流逝，父母逐渐老去，我们之间的关系发生了反转，他们成了“孩子”，而我们成了“父母”，我们需要承担起照顾他们的责任。

随着角色的互换，父母的观点和态度也会发生变化。人不是一成不变的，而我们可以选择在合适的时机进行和解。我们每一个人都需要妥善处理和父母的关系，因为这也是亲密关系的重要组成部分。

第三章是职场生涯的经验总结。职场人际关系相对其他方面而言要复杂多变，但是只要看清楚它的本质，就能够以不变应万变。我对待职场的态度是不要投入太多私人感情。在工作中夹杂太多感情的话，容易感到痛苦疲惫，也容易产生情绪波动。因此，在职场摸爬滚打几年之后，我觉得所谓专业的工作态度，恰恰是内心保留一份疏离，和领导同事也保持恰到好处的距离。

职场的沟通技巧也是非常重要的，许多职场新人因为不懂“职场潜规则”，不知不觉中成为众矢之的，有些甚至成了被霸凌的对象。因此，我在第三章职场篇中，特别分享了一些心得体会，也算是对自己血泪史的总结。

工作会占据人生的一大块时间，我们有超过三分之一的时间都是和同事们一起度过的。工作时的心情不愉快，对我们的人生而言将会是重大的损失。

卡夫卡在《绝望名人卡夫卡的人生论》中有这样一段描写："我忍受了五年办公室生活，早上八点开始工作，到晚上七点、七点半、八点、八点半，天啊！我站在通往办公室的狭长走廊上，每天早上被绝望侵袭。"这种每天上班如同上坟一样的心情，我相信许多上班族都能体会。

唯一能够帮助我们摆脱这份绝望之情的方法，就是找到自己热爱的事情，坚持去做。一时半会儿没有找到没关系，不着急，慢慢来，总有那么一天，你会发现自己的天赋和喜好所在。到那个时候，你可以把自己所有的激情毫无保留地投入热爱的事业中。

在第四章中，我想讲讲爱情。爱情如此美妙，是生活中的美学，但同时爱情也可能成为伤人的利剑，把你刺得遍体鳞伤。不过无论如何，我希望每一个人都能拥有不一般的勇气，不要因为害怕受伤而选择回避爱情。

如果你拥有一段高质量的亲密关系，那么这段感情可以滋养人的心灵，洗涤我们的灵魂。爱上一个人，好像突然有了软肋，又好像突然有了铠甲。

追求爱情的过程中，我认为男女是平等的，因此女孩子也可以勇敢地去追爱，但是谈恋爱智商就降低为零，这可不是一件好事。一些人觉得爱情是令人冲动、失去理智的，坠入爱河的感觉就是彻底失去控制。实际上，高质量的爱情也是需要双方共同经营的，就好像两个人共同演唱一首动听的歌曲，或者是两个人携手同跳一支优美的舞蹈，前提是一定要选择合拍的人。

如果一段感情中潜藏着种种让人不舒适的因素，比如欺骗、背叛等，那么它的质量是值得质疑的。一旦发现这些负面因素，一定要认真思考该何去何从，不要一味忍耐，忍耐总有爆发的一刻。

当我们选择步入婚姻，夫妻之间的问题就会比谈恋爱时复杂得多，它涉及的因素更多，牵涉的人也更多。因此，建议面对婚姻大事时一定要慎重考虑。结婚以后用心经营，但同时也要明白，万事万物都在不断变化中，人心也是瞬息万变的，我们要有面对变化的勇气。

最后一章是身为女性必须要面对的课题。因为我是一名女性，所以我也走过成千上万女性曾经走过的路。面对社会中男女不平等的现象，我们绝对不能选择视而不见。在《人类简史》中提到："有某种阶级制度却是在所有已知的人类社会里都有着极高的重要性：性别的阶级。"世界各地的人都会被区分为男女，而且至少在农业革命以来，几乎世界各地都是男人占尽好处。

女性作为弱势群体，面临的问题是相似的，不要幻想着这些问题你不会遇到。记住我们生活在同一个世界上，性别歧视的问题在全世界范围内都存在着。面对同样的困境，我只能希望每个女性至少能够看清楚现实。

男女不平等和世界上其他的不平等一样，都是一种歧视。哪里有压迫，哪里就有反抗，所以每一个女性都天生应该成为女权主义者，不要惧怕他人用"中华田园女权主义"来贬低女权主义。

其实我分享的这些经验和内容，不能直接帮助任何人成功，因为我自己根本就不是一个成功人士，更不是所谓的"人生赢家"，所以我不能给读者端上一碗浓浓的鸡汤。一本书不能给你的人生提供明确的答案，因为我十分清楚，每个人面临的问题都是不同的，世界上从来不存在统一的解决方案，未来的路还是要靠自己走下去。

我更希望这本书像一道开胃菜，每一个翻开这本书的读者都能够和我一起，用不一样的角度来看待生活，能够体会到平平淡淡的日子也是充满趣味的。如果我脑海中的这些想法能够给别人一点点启发，那么我就会觉得非常开心了。

目录

CONTENTS

第三章 “老司机”带你笑傲职场

第四章 爱情是生活中的美学

第五章　身为女性，需要面对的特殊课题

第一章

苏格拉底说：认识你自己

三十岁还一事无成是人生的常态

2020年，我年满三十岁，这可真是个让人感到尴尬的年纪。怎么说呢，虽然我整个人已经褪去了青涩的味道，却也绝对称不上成熟。看上去积累了些许生活经验，但有时候还会暴露出幼稚的一面。回首这些年，我觉得只能用一个词来总结自己，那就是一事无成。

一事无成肯定不算什么值得吹捧的好事，但我又觉得，这也不是什么大不了的坏事。生活给了我一个无法反驳的结论：一事无成乃生活常态。别说三十岁的我一事无成，许多四十岁甚至六十岁的人，情况也和我是一样的。

我知道肯定会有人质疑："既然你一事无成，你不觉得焦虑吗？看看周围的人，特别是你的同龄人，都取得了不错的成绩，每个人的生活都稳步推进，离成功越来越近。而你还在原地踏步，你不着急吗？"

说毫不焦虑，肯定是骗人的，我曾无比焦虑过，想要追求成功，想证明自己。但是这些年来，我一直过得不开心，甚至经常感到痛苦纠结。主要原因是我觉得自己和“理想中的自己”不一样。

理想中的自己毫无疑问应该是个成功人士。成功人士的标准很简单，家庭事业双丰收，职场情场春风得意，孩子、车子、房子样样齐全。这样的幸福样板生活也是我的追求，我对成功人士的认知就是这么“肤浅单薄”。

那么这样的理想中的自己到底来自何处呢？有些来自父母对我的期望，少许来自亲人朋友的压力，当然大部分源于我给自己强加的目标。

刚毕业的时候，我的目标是成为一个雷厉风行的“职场女强人”，或者说“精英人士”。我幻想着工作几年之后，就应该成为八面玲珑的社交达人，每天穿着一身高档的职业装，脚踩着恨天高，拎着苹果电脑，坐着飞机满世界出差。

经过这几年的磨炼，我发现自己无法成为这样的人，我无法改变自己，我就是一个普普通通的人，“职场女强人”的人设不适合我。说起来真是可笑，那可是我一直以来的执念，我一直朝着那个方向去塑造自己，可是无论如何努力，最终内心还是背道而驰。

当真正的自我一点点浮现在眼前的时候，我不愿意接受，因为这和我“理想的自己”相差太远。如果客观地评价自己，我并不比别人更优秀，也没有大多数人能吃苦，甚至比许多人的执行力要弱。这些性格弱点，我早就已经隐隐约约感觉到，但是一直不愿意相信。

其实，一直以来我都有疑惑，最了解自己的人真是自己吗？我觉得这句话值得怀疑，因为我就不了解自己。眼睛长在自己身上，看别人容易，看清自己很难。再加上我们看待自己时，往往会不由自主地加上一层美化的滤镜，所以无法看清楚真相。

希腊古城德尔斐的阿波罗神殿上刻有七句名言，其中流布最广、影响最深，以至被认为点燃了希腊文明火花的却只有一句，那就是："人啊，认识你自己。"古希腊著名哲学家苏格拉底把"认识你自己"作为自己哲学研究的核心命题。认识自己，从来都不是一件容易的事情。电影《一代宗师》里有一句著名台词："见自己，见天地，见众生。"见自己是第一位的，如果连自己都看不清楚，你将无法拨开迷雾，去看到其他东西。

曾经我总觉得自己是与众不同的，是出类拔萃的。然而现实情况并非如此，其实我就是个普普通通的人。我不是一个成功人士，这句话是无法否认的事实。从拒绝到完全接受这个事实，并不是一件容易的事情。这个过程是一个反复纠结、自我怀疑、痛苦、打碎重建的过程，最终我彻底抛弃"成功人士"的执念。

成功为什么让人追捧，恰恰是因为成功的概率特别小。如果人人都成功，那还有谁会去追捧成功呢？但是如果人人都被洗脑，认为只有成功的生活才值得过，不成功的生活就不值得过，那我无法赞同。

我们需要思考，成功的定义是什么？又由谁来定义成功？通常来说，金钱的多寡是衡量成功与否的一般标准。用这种衡量标准的话，我肯定是不能算成功的。我相信绝大部分的人，日子过得辛辛苦苦，收入却是少得可怜。所以，如果完全用金钱来衡量的话，绝大多数人都是普通人，而非"成功"的人。

用"成功"这种单一的标准来衡量人生，是否有些片面了呢？普通人的生活就没有意义了吗？并不，也许不用刻意追求成功，只需追随自己的内心，去过一种自己喜欢的生活，一种有趣的生活。

我认清自己之后，反而彻底松了一口气。我认为之前设定的目标与自身个性不符。成功不是我发自内心想追求的东西，而别人的期待和眼光也不应该成为负担。承认自己是个普通人并不意味着把自己看得一文不值，也不意味着自暴自弃。当直面内心，去了解自己的时候，我反而变得坦然。我接纳了自身所有的弱点和短处，同时也挖掘出了优势和长处。

一个普通的人，过着平凡的生活，这种选择并不是自甘堕落的表现，而是人生的常态呀！我知道怀着少年心气的年轻人总认为未来的自己应该是闪闪发光的，不愿意接受这种看上去平庸的归宿。我也曾经是少年中的一员，折腾过、奋斗过、摸索过，最终找到了属于自己的人生答案，因此在回首过去的时候，没有留下什么遗憾。

只有加深对自身的认识，才有机会完完全全接纳自己。无论好坏，都选择接受。只有看清自己之后，才能去开眼看世界，才能去理解别人。

乔布斯在斯坦福大学的毕业典礼上讲了一段发人深省的话："你们的时间是有限的，所以不要浪费时间活在别人的生活里。不要被教条主义所困，相信教条主义，就是活在别人的思考中。不要让别人的意见淹没你自己内心的声音。而重要的是，要有勇气追随你自己的本心和直觉。它们已经知道你真正想成为什么样的人。"

我们要有勇气去追随自己的本心和直觉，那才是我们真正渴望的东西。我抛弃"理想中的自己"之后，内心世界产生了巨大的变化，这真是意外之喜。我不再纠结别扭，不再不断地责备自己，也不再莫名其妙地焦虑。

是呀，我今年三十岁，是个普普通通的人，过着看上去一事无成的生活。不过我知道，一切都在慢慢变好，就在我看清楚自己，也选择完全接纳自己的那一刻。我认认真真过着属于自己的日子，珍惜每一天，尝试着不同的体验，收集生命中的美好时刻，终于学会享受生活。

关爱自己，从拒绝别人的无理要求开始

你是别人口中的老好人吗？你不懂如何拒绝别人，对吗？拒绝别人是否让你感到痛苦？如果答案都是“YES”，那么这篇文章正是你需要的。

其实不会拒绝的人，通常属于同一类型，即讨好型人格。讨好型人格的养成，肯定和成长环境、个人经历、家庭背景有着密不可分的联系。我对这种类型的人十分了解，因为我的老公就是个不折不扣的老好人。只要别人开口求助，他几乎是来者不拒。当然，这样的性格有利有弊，好处是喜欢他的人很多，他的人缘也比我好，坏处是他的苦恼也比我多。

在他向我诉说的诸多苦恼中，最常见的就是为了帮助别人，导致自己的事情没时间处理，有时甚至让自己的生活陷入困境。

面对这种情况，我给他的建议是让他试着去拒绝，还教他各种方法。但他依然觉得拒绝别人很难，开口之前总是思绪万千。

而我恰恰相反，我不是讨好型人格，甚至在某种程度上还有点“自私”。我的生活原则是把自己放在第一位，以自己的舒适为导向。之前 Papi 酱的人生重要性排行榜引发热议，她把自己放在第一位，伴侣、孩子、父母，全部都排在自己后面。当然，这种排序方式也遭到许多网友的批评，大部分人指责她“太过自私”。

说实话，我赞同这种排序，并不是说他人不重要，但不会爱自己的人，是无法真正去爱别人的。

关爱自己，不刻意讨好别人

正是因为我爱惜自己，所以我不会去讨好别人。许多讨好型人格的人害怕拒绝别人会遭到讨厌，所以即使内心极度不情愿，也依然硬着头皮去做。实际上，只要你有技巧地拒绝别人，拒绝这件事并不会让你被人讨厌。

而如果表面上含含糊糊地答应，内心又极度抗拒，不想去做，硬着头皮做了之后，心中会产生不满，这种不满久而久之会变成一股怨气。这股怨气只会对内自我攻击，产生内伤。

每个人都渴望被爱，这是人类的天性。为什么有些人并不特别需要别人的爱？因为他们从自身得到了足够的爱。而一个无法爱自己的人，往往会去寻求他人的爱，以此来证明自己是值得人爱的。但是这样的情况往往会带来伤害，因为一旦你的弱点让别人抓住，你的真心、你的感情、你的奉献可能会沦为把柄，进而使自己受到伤害。

爱自己的过程很难，特别是每个人的原生家庭不同，生活环境和经历也不同。但是无论如何，我们应该相信自己是值得被爱的。

你也许会质疑，把自己放在第一位的人，会不会太自私呢？这种自私的人还会有朋友吗？有人会喜欢吗？事实恰恰相反，看看罗素说的："人类的天性，是对那些不要求爱的人才最乐于给予爱。一个竭力用仁慈的行为去渴求爱的人，往往会因人类的无情而悲伤。"

正如罗素所言，我的老公也恰恰被我的"自私"所吸引，他很难相信有人可以大大方方地拒绝别人，而理由仅仅是因为自己不愿意。

❧ 想学会拒绝别人，要设立一个合理的心理界限

这个心理界限是你的底线，底线是原则问题，绝对不能退让。在界限之内的事情，你可以帮忙。超出界限的，选择拒绝。问题是很多人没有这样的底线，或者说不能坚守底线，总是不断后退，让一点，再让一点，结果最后变成责怪自己："为什么我要麻烦自己，帮助别人？为什么我辛辛苦苦帮忙，不仅没有被感谢，反而还招致不满？"

那么，问题来了，到底该如何设立界限呢？我如何才能知道自己的界限在何处呢？

答案其实很简单，界限的设立，需要你用心去体会内心真实的感受，绝对不要自我欺骗。

内心的感受是无法骗人的，当你不情愿地去帮助别人，当你因为不会拒绝被人牵着鼻子走的时候，你感受到了什么？不满意、后悔、懊恼、愤怒，这些全部是真实的情绪。如果你体会到这些情绪，那说明这件事情已经超出你的界限。

直面这些情绪，不要自我欺骗。有时候，你已经清清楚楚、明

明白白地感受到这些情绪，但依然选择自我欺骗。你可能会对自己说："其实没什么大不了的，这些情绪一会儿就会过去。"

你甚至还开始自我责备："可能是我小心眼，格局太低，自己太自私。帮助别人是应该的，我不应该怪任何人，要怪就怪我自己。"这类自我责备、自我攻击的话语不断在脑海中冒出，最后演变成自我伤害。

我的建议是：我们应该接受自己真实的感受，坦然面对它。每个人都会产生各种负面情绪，这些负面情绪并非毫无意义，它可以让你认识更加真实的自己。一旦内心涌动起这些情绪，不要克制自己，放宽心态，尽情去感受它们，这恰恰是与自我对话的最佳时机。

帮助别人，也要因人而异

拥有一双火眼金睛，能够识别出妖魔鬼怪，这也是我们行走江湖必须练就的本领。帮助别人，也要因人而异，具体问题具体分析。帮助别人之前，当然要考查被帮助者的人品，看看他们是否值得我们伸出援手。如果一个人毫无感恩之心，那么就不要勉强自己去帮助他。

虽然我们一直都强调帮助他人应该不求回报，但是没有感恩之心的人，不值得帮助。

我们可以不要求物质回报，但是很多人感恩之情淡薄，甚至在他们的观念中，别人帮助他们是理所应当的事情，这种情况是我难以接受的。这种人持有的观点是："帮我是天经地义的事情，你就应该帮我，不帮我就是你的错！"而且一旦他们发现身边存在一个"老好人"，就会不断加以利用，一次次挑战别人的底线。

这种人在职场中也很常见，遇到这种人一定要想办法“敬而远之”。只要你拥有一双慧眼，平时多观察周围人的一言一行，你就一定能看清楚他们的本质。不过就算身边存在这样的人，我们也不怕，因为我们自然有应对方案。

学会拒绝道德绑架

道德绑架其实很常见，但是很多情感操纵和道德绑架的行为非常隐蔽，很多时候你在不知不觉中，就被道德绑架了。举个例子，你有没有在拒绝别人之后，产生很愧疚的心情，仿佛自己犯了不可饶恕的错误？你有没有想过为什么会产生这样的想法？这种想法到底是被谁灌输的呢？

原因很简单，乐于助人从来都是一种传统美德，是非常好的品质。俗话说：赠人玫瑰，手有余香，帮助别人是一件很好的事情，所以我们潜意识里认为帮助别人是天经地义的。但是很多时候，我们忽略了这样一点：“乐于助人”是有前提的，不是无条件的。

保持警惕，随时跳出道德绑架的陷阱

道德绑架的常见套路有：如果你不帮我，你就太“不够意思”“不讲义气”“不是朋友”“太小气”“太自私”“不给我面子”，反正后面跟着一长串贬义词，没有人愿意自己被贴上这样的标签。

举个例子：“都是朋友，这种小忙也不帮，太不够意思了。”这句话就是在道德绑架。朋友之间难道不应该相互体谅吗？为什么只能允许他开口求助，却不能允许你开口拒绝呢？我建议这样回复：“都是朋友，你这样想方设法麻烦我，也太不够意思了吧。”

一旦你发现有人把你架在道德高地上，或者想用道德来绑架你，你要立刻辨别出来，不要轻易上当。

❧ 拒绝也是一门艺术

如何拒绝别人呢？可以学学外国人说话，编造善意的谎言，如“I'd like to help you but I can't”［我很想帮你，但是因为种种原因（随便找个借口）做不到］。我发现外国人说话形式上的礼貌是非常充足的，很多在西方国家生活过的人一开始都会惊讶于当地民众的表面热情，各种“非常感谢”“抱歉”“打扰了”“太棒了”“太美了”等中国人日常生活中不太常用的非常夸张的语句，对他们来说是家常便饭。但是深入了解之后往往发现，尽管语言上听起来非常热情洋溢，但是他们心里面真正想的往往和他们表达出来的不匹配，有时候前一秒还热情满满地问候聊天，一听到被要求帮忙，便会以各种各样的理由婉拒你。用网络流行语概括就是“脸上笑嘻嘻，心里×××”。

拒绝别人之前先道歉，这种道歉并非因为你真的做错了什么，完全是一种客套。后面的拒绝理由也不一定是真的，成人的社会需要善意的谎言。撒谎欺骗有时并非不道德，有时候无伤大雅的谎言反而是人际关系的润滑剂，因为真话通常不那么好听。

❧ 立场坚定，前后态度保持一致

拒绝别人，最重要的是态度一定要坚定，不可犹豫不决，你自己一定要清楚，这件事情绝对不让步。前后态度保持一致非常重要，否则会让别人感到迷惑。刚开始不愿意帮忙，后来别人劝说几句就动摇，又改变态度愿意帮忙；或者刚开始的时候满口答应，回家转念一想，越发不愿意，再开口拒绝。这样的行为，反而更让人难以接受，还不如索性从头到尾保持一致。

拒绝别人可以私下进行，偶尔也可以当面甚至当众拒绝

拒绝他人的方式可以视情况而定，有些时候也可以尝试当众拒绝。这种情况主要是为了做给别人看，其他人看到了你的行为，自然会了解你的性格，那些想提出无理要求的人会好好思考是否还要来麻烦你。其实，如果一个人的自我边界特别明确的话，那种气场是可以直接感受到的。

如果你还是没学会如何拒绝别人，那么我最后分享一个有意思的小技巧。每一个人的脸上都有一个鼻子，而鼻子在英语中是“nose”，它就是在提醒你，可以拒绝别人。方法是，你只需要盯着请求者的鼻子，大声说出“no”就行啦！

我们可以成为乐于助人的人，但是不应成为毫无原则的人。面对他人的无理要求，勇敢地说一声不，这是成熟的标志，也是对自己负责任的表现。还是那句话，关爱自己，从拒绝别人的无理要求开始。

我已有了心，还要这欲做什么？

我想和大家分享一个小故事，这个故事是《红楼梦》里的。宝玉失玉后，变得迷迷糊糊，和尚送玉回来，走了，过几日偏偏又来吵闹。宝玉听说和尚在外面吵，便要把玉还给和尚，说："我已经有了心了，要那玉有何用？"

这段话里面的"玉"可以理解为"欲"。宝玉的结局我想大家都知道，他失了玉，来了心，大梦初醒，最后归彼大荒去也。在我看来，这个欲指宝玉眼中的人间大欲、七情六欲，最后他彻底抛下世俗纠缠，出家去了。

我的境界没有那么高，我把这个欲看作"物欲"。所以这句话同样也可以用在我们自己身上："我已有了心，还要这欲做什么？"

当我们有了心，就开始用心生活。这时候突然发现，太过膨胀的物欲，反而会阻碍正常的生活。那么，从物品堆积如山的生活方式，彻底转变成维持基本生活的"极简主义"，这样巨大的变化，是否有走极端的倾向呢？就我本人而言，并没有。在消费主义铺天盖地、无孔不入的时代，如何才能保持一个冷静的头脑，这是值得我们每一个人深思的课题。

我们选择接受某种主义，或者决定实践某种生活方式之前，最重要的是了解自我。世界上每个人的个性都是不同的，因此，第一个问题就是，你适合极简主义吗？极简主义并不是万能药，它不能解决所有问题。如果你为了追求流行趋势，或者因为经济条件无法满足物欲而选择自我欺骗，自我洗脑说自己是极简主义，那么过一段时间的低物欲生活之后，你会觉得非常痛苦。用压抑物欲的方法去实践极简主义，是不会长久的。

每个人的个性都是不同的，比如我自己，可能天生对物品的感情比较淡薄，物品过多的话，会觉得很烦躁。再加上我的时间、精力、金钱都有限，所以我拥有的物品数量有个上限，一旦超过这个上限，我就无法把控。

世界上还有一类人和我完全相反，他们对物品发自内心地喜爱，家中往往会囤积、收藏大量的物品，他们是永远不会成为极简主义者的。也许他们能开创属于自己的教派，姑且叫作“极繁主义”。

曾经有一位朋友对我倾诉心中的烦恼：“我老婆什么都好，就是爱买东西，特别是爱买衣服。家里面的衣橱里全部都是她的衣服，一次就买十几件。这样‘买买买’，每个月都是月光，你看看你要不要和她聊一聊，给她洗洗脑，把极简主义的思想传递给她？”

我拒绝这样的提议，因为我知道一个人选择接受一种观点，必须要发自内心真正赞同才行。我不可能强迫一个爱买衣服的人瞬间就变得和我一样，对衣服毫不在意，相反，每一个人都应该听从内心的召唤，因为只有这样才是真正的捷径。

当你肆意地追寻自己喜欢的东西，也许就在某一天，你会突然发觉这种追求竟然毫无意义，到那个时候，你自然而然会寻求其他的精神寄托。一名极简主义者绝对不会强迫所有人都选择同样的生活方式。

在真正决定过上极简的生活之前，我也曾花时间思考自己和物品之间的关系，这也是了解自我的过程。很多时候，我们的内心都被外界嘈杂的声音影响，不知道自己到底需要什么、喜欢什么、追求什么，所以需要静下心来，好好思考。只有把这些问题都彻底想通之后，才会挣脱物欲的束缚。

了解自己，最重要的是独立思考，直面内心。正如苏格拉底所说的："未经审视的生活，是不值得过的。"

在接触极简主义之前，我曾经也过了一段时间放纵物欲的生活。而那段生活经历，恰好是我探索自己、了解自己的宝贵机会。谁没有经历过不动脑子生活的时光呢？谁没有浑浑噩噩过呢？曾经的我不愿意独立思考，常年不用脑，逐渐没有了独立思考的能力，因此对外界的洗脑会全盘接收。

各种广告、促销、公众号文章、群体压力等，通过各种渠道来诱惑我，于是我的内心升腾出蓬勃的物欲。"买买买"，青春如此短暂，不买将来就没有机会买了，于是疯狂买各种东西，衣服、包包、鞋子、化妆品等，家里塞得满满当当，几乎没有喘息的空隙。

在过了几年这样放纵物欲的生活以后，我终于逐渐意识到一个真相："买买买"不能给我带来快乐！"买买买"的行为，不仅消耗我的金钱，而且给我造成巨大的管理物品的困扰，我的管理收纳能力一般，超量的物品让我心烦意乱。

这时候我终于开始思考这样一个问题，我对物品的欲望是发自内心的吗？我真的想拥有它们吗？还是“别人”控制了我的大脑，帮我制造的虚假的欲望呢？当你不去思考，别人的想法就可能轻而易举地占据你的大脑。

在《人类简史》这本书里，有一段话发人深省：“我们常常被告知要随心所欲，但是这里的心就像是个两面间谍，听从的常常是外面那些主流的虚构故事。实际上，随心所欲不过是结合了十九世纪的浪漫主义与二十世纪的消费主义，再植入我们的脑海罢了。”

通过独立思考，明白自己和物品的关系，同时也拿回了对生活的控制权，这才是实行“极简主义”背后最重要的意义。极简主义者的生活并不是不需要物质，也不是没有物欲，而是我们能够清醒地掌控自己的物欲。

我经常在网上看到一些非常漂亮的家居照片，那些博主的家里物品种类丰富，琳琅满目。同时他们的整理能力很强，把家管理得井井有条。看完那些照片之后，我觉得很好，很羡慕他们。但同时，我的心里非常清楚，这不是我想要的生活。我只会用欣赏的眼光去看，但不想拥有这么多。

在这一点上，古希腊的哲学家苏格拉底似乎已经为我们指明了道路。传说中有一天，几位学生怂恿苏格拉底去热闹的集市逛一逛。他们说：“集市里有数不清的新鲜玩意儿，您去了一定会满载而归。”于是苏格拉底去逛了集市。第二天，学生们请苏格拉底讲一讲逛集市的收获。苏格拉底说：“此行我最大的收获，就是发现这个世界上原来有那么多我并不需要的东西。”

因此，只有从心底里认为“我不需要这些东西”，才能做到极简，而不是自我欺骗，明明想要，还通过压制物欲的方式来实践极简。你要分清楚“我不需要”和“我想要，但是我要压抑”之间的巨大区别。否则物欲就像弹簧，压制越强烈，反弹越强烈。

每个人都可以拥有属于自己的极简主义，极简主义绝对不可以千篇一律，因为世界上从来没有一种标准的极简主义模板。

难道每个人家里都要空无一物？每个人衣橱里的衣服都必须少于三十件？家里所有物品装进两个背包就可以走？只有做到这样，才可以说自己是“极简主义者”？不不不，当我们过度地去解释和定义一种主义的时候，就走向了极端，它会失去本来的意味，最后往往沦为形式主义。

极简主义应该是一种因人而异的主义，每个人都有自己的理解，也有属于自己的运用方法。只要某种想法或者生活方式能够让你的生活品质得到提升，让你的心情更加愉快，就有它存在的意义。

但是物质减少只是形式，更重要的是把精力转移到丰富的精神生活上。

这半年来我进行了极简生活的实验，到目前为止，我很满意。极简主义的理念可以延伸到生活的方方面面，但是我在精神生活方面，反而是追求“极繁主义”。在放纵物欲“买买买”的那几年里，我很少静下心来读书，每天都很烦躁、很焦虑，整日如同热锅上的蚂蚁，或者是无头苍蝇般乱转。不仅浪费了时间，而且浪费了金钱。不过话又说回来，谁在年轻的时候不感到迷茫呢？

而我的生活发生改变，恰恰是在接触极简主义之后。通过极简物质，我的时间和精力重新转移到精神领域，开始认真思考人生。

思考人生绝对是有意义的，你形成了稳定的世界观和价值观之后，你有自己的想法，就不会随波逐流，更不会人云亦云。

和大家分享梭罗在《瓦尔登湖》中的一段话，这段话可以称为极简主义生活的真谛：“我去森林生活的目的，是希望过上一种审慎的生活，只面对最基本需求的生活。我试图了解自己是否能学会生活启示我的一切，以免在死的时候，才发现自己的生活毫无意义。我不愿意去过一种不是生活的生活。”

极简生活，用一句话来总结，正如开头说的那样：我已有了心，还要这欲做什么？

我们一起来谈谈嫉妒

嫉妒这种情绪，相信所有人都体会过，这几乎是人类的普遍情感。曾经我也迷失过，陷入嫉妒的陷阱无法自拔，甚至因此失去过很多朋友。

我嫉妒过朋友、同学、同事等。嫉妒别人不需要太多理由，它就像一条毒蛇，时不时在我的心头盘旋。当然我不会背地里诋毁他们，我会暗自努力，想着在某些方面可以超越他们，所以说嫉妒有时候会成为一种向上的动力。但是当我发现很多事情，无论自己多么努力都无法超越的时候，内心会产生一种深深的不痛快，觉得这世界太不公平。

曾经有个朋友非常优秀，她是我学生生涯中遇到的最闪亮的女孩。刚开始我和她并不熟悉，后来渐渐成了好朋友。

我越来越了解她以后，才发现自己和她之间的差距实在是太大。她的父母非常前卫，经常和她讨论各种问题，甚至对待早恋的态度都是开明的。她的衣服又多又漂亮，每天打扮得体来上学，无数追求者都围绕在她身边。她的作文写得文采飞扬，诗词歌赋信手拈来，琴棋书画样样精通。

身边有如此优秀的朋友，想不去嫉妒她，实在是太难了。我一心想超越她，但气质这种东西不是一时半会儿就可以改变的。我模仿她说话的方式、喝水的姿态，结果被说成东施效颦。我的内心充满了嫉妒，心脏就像被慢火烤着。见她时我还保持微笑，装作若无其事的样子，但是她随口说的一句话我都觉得是在炫耀，会让我嫉妒得发狂。我承认，我嫉妒她有优秀的父母，嫉妒她锦衣玉食的生活，嫉妒她有那么多的追求者。

在嫉妒的折磨下，我想我没有办法和她做朋友了，因为她太优秀，会遮蔽掉我的光芒。所以我选择了远离，慢慢地减少和她的联系。虽然她也曾经疑惑过为什么我不再理她，但是她没有询问原因。反正围绕在她身边的朋友那么多，也不缺我一个。她的高情商和自信感是我从来都不曾拥有的，我只能幻想着自己能离她再近一点。

后来我发现，嫉妒这种情绪是无意义的，甚至是有害的。每一次，当我嫉妒别人的时候，我都会瞧不起自己。我无法接受自己的狭隘，这样的我，让自己都讨厌了。当我静下心来，认真思考这件事情的时候，我发现了一些奥秘。

嫉妒的来源是什么？就是比较。我们永远只会嫉妒身边的人，他们是我们生活的参考系，是日常比较对象，是别人家的孩子、别人家的老公、别人的老板等。我从来不会嫉妒王思聪的财富、范冰冰的外貌、周杰伦的才华。首先是因为差距太大，其次是因为他们太过遥远。

比较是毫无意义的，人和人之间没有可比性。你需要更加尊重生命，尊重个体，认识到每个人都是独一无二的，都是造物主的宠儿，人和人之间根本不存在可比性，没有什么基准可以用来比较所有人。长得高的就比长得矮的优越？有钱的就比没钱的高人一等？虽然世俗生活早就为你设置了上千条比较的规则，但是你依然有选择的权利，你可以去思考是否要参考这些比较基准。一旦你发现可以抛弃这些基准，你就会明白，一切比较都是空谈。

人与人之间相互比较是非常片面的。人总是喜欢拿自己的不足，和别人的长处去比较；拿自己没有的东西，和别人拥有的东西去比较。转念一想，这样的比较不是很傻吗？

婚姻生活不幸福的人，看到别人秀恩爱就会嫉妒。工资低的人，看到别人工资高就会嫉妒。原生家庭不和睦的人，看到幸福家庭中长大的孩子就会嫉妒。人的眼睛很难看到自己的优点，但是嫉妒你的人却能看得一清二楚。你是否也是紧盯着别人的优点，时刻惦记着自己的短处呢？为什么不能反过来思考呢？想想自己的优点，没有人是一无是处的。

多看自己拥有的，多挖掘自己的优点，尝试着经常夸奖自己。一个真正爱自己，接纳自己的人，是不会去嫉妒别人的，所有的嫉妒都来自对自身的不满意。千万别把自己看得太低，每个人都有属于自己的精彩。不和别人进行比较，其实说起来容易，做起来很难，因为我们都是社会动物，比较无处不在。但是原则是不要拿自己的缺点和别人的优点比较，不要拿自己没有的东西和别人有的东西比较。

此外，让我们接受一个无法反驳的事实是，生活是复杂的多面体，没有人的生活是完美的。正如张爱玲所说："生活就像一袭华丽的袍子，上面却爬满了虱子。"世界上不存在事事顺心的人。

如果你嫉妒一个看上去幸福完美的人，那是因为你还没有足够了解他。只要你足够了解一个人，就会发现每个人都有自己的烦恼，就如同你自己一样。大家都是肉体凡胎，吃五谷杂粮，生喜怒哀乐。佛家所谓的七苦：生、老、病、死、怨憎会、爱别离、求不得，每个人都要体验，谁都无法回避。

而我一直嫉妒的那个朋友，后来我才知道，她很早就患有严重的胃病，她会不会也曾经嫉妒过我的好胃口呢？身边有钱的白富美，竟然也有难以怀孕的苦恼，她会不会嫉妒那些生了二胎的朋友呢？身边的朋友嫉妒我，不外乎就是觉得我活得潇洒，但其实我只是从来不提自己的烦恼罢了。所以看问题绝对不能只看一面，当你看到任何人光鲜亮丽的一面时，都应该清楚，每个人背后都有无处可说的烦恼，无一例外。

我们可以去欣赏和羡慕优秀的人，并且不断努力。看到优秀的人难免会产生一些情绪，这都是正常的。但是你可以把嫉妒这种情绪换成欣赏和羡慕，然后你可以向他们学习。任何人的出类拔萃都不是天生的，背后必定付出了很多心血。同样的道理，如果你不愿意努力，还幻想着和别人一样优秀，那无异于白日做梦。与其浪费时间嫉妒别人，不如快点行动起来去努力。其实每个人都不差，如果你真想得到某样东西，要先学会付出。

拥有一颗善良的心，由衷地希望身边人都能过得好，这是最难的，但也是最重要的。用开放的心态接受每个人的幸福瞬间。当你为别人的幸福而感到快乐的时候，你的快乐会翻倍。但是如果别人的快乐只能给你带来痛苦，你的生活会崩溃。

所有人都在社交媒体上秀幸福，每个人的生活看上去都多姿多彩、光鲜亮丽。如果你抱着嫉妒的心态看下去，你将永远无法得到快乐。发自内心地祝福别人，尊重任何人对美好生活的向往。当你拥有一颗善良的心，抱着更加开放的心态去看待周围的事物时，你会发现嫉妒不复存在。

产生嫉妒的情绪很正常，你我都是凡人，谁还不能有点负面情绪呢？不过千万不要让嫉妒这条毒蛇缠住你。否则它喷射出来的毒液会损害一颗正常、健康的心，会破坏你的人际关系，让你无法发现生活的乐趣，最终会让人感到窒息。让我们一起掌控自己的负面情绪，就从正确处理嫉妒之情开始吧。

生活不在别处

在某个失眠的夜晚，我无意间翻到一段视频，是一位高中女生拍摄的短视频，她记录了在暑假作业上签字的过程。她漫不经心地握着黑色水笔，在一沓厚厚的试卷的左上角，潦草地签上自己的姓名。试卷一页又一页地翻开，她低声嘟囔着："暑假结束了，作业没写完，但还是要签字上交。"

笔尖在纸张上摩擦着发出沙沙声，她的名字像弯弯曲曲的小溪流淌到试卷上。这是她当下的生活日常，她随手把这一切都记录下来，发布到网上。

我翻来覆去地看着这个陌生的高中女生的视频，我猜她不会想到，这个视频会触动一个陌生人的心。也许她早就厌烦在试卷上签名，也厌烦看上去永无止境的作业。她想使用时光加速器，让高中生涯早点结束，正如当年的我一样。但我却感谢她把日常生活的细节随手记录下来，感谢她让我隔着十年的光阴去回首往事，让我对曾经的岁月，也有了完全不同的体会。

我以为自己永远不会怀念高三时光，可是那些记忆却一点点浮现在眼前。昏沉闷热的夏日午后，电风扇尽职尽责、吱吱呀呀地转着，却丝毫无法驱散少年们内心散发出的躁动不安。老师们重复了一千遍的老生常谈，比教室外面树上的蝉还聒噪。而我用力捏着自己的大腿，只为了让自己坚持到下课铃响时，再瞬间昏睡过去。

高中三年，我曾经在无数张试卷上写下过自己的名字，但我不曾想过，这种小事有什么值得记录的。实际上，我觉得整个高中生涯是无聊的、千篇一律的，每一天我都是在忍耐中度过。支撑着我走过高三岁月的唯一信念，就是总有一天会逃离这里，逃到未来的怀抱里，而且未来一定会更好。

高考一结束，我就迫不及待地把所有和高考相关的东西当成垃圾，一股脑全部抛弃了。那些看起来永远也写不完的试卷、练习册，还有记录着青春期烦恼的日记本，全部都被我毫不留情地扔掉。

母亲看着我决绝的样子，随口说了一句："这些都扔掉吗？将来你说不定会想看呢！"我从鼻孔里发出一声嘲讽："我永远都不会怀念高三这一年。"那个十八岁的我，不相信有人会怀念起高三时光，因为它对我而言，是永远都不愿意再经历一次的人间炼狱。

可是现在，隔着光阴的距离，我看着别人的记录，突然意识到原来那些年的生活，并非如我记忆中的那般不堪回首，甚至还蕴含着某种趣味。哪怕是在试卷上签名这种小事，都很有意思，因为它发生的时间、地点和周围的人，还有你那一刻的心境，都是一期一会，在你以后的人生中，这一切再也不会重演。可惜当年的我，并没有参悟到这一点。

这么多年过去，我才终于领悟到“活在当下”这四个字的真谛。我认识很多人，他们当中有一半活在过去的黄金回忆中，一半像我一样活在对未来的幻想中，只有极少数的哲学家活在当下。因为活在当下实在太难，只要你身处当下，深入地接触生活的细节，你就会发现当下的生活常常是枯燥的、无解的、庸俗不堪的。

那感觉就像被困在一个叫作今天的气泡里，周围是密不透风的透明薄膜，我能透过它看到过去经历的日子。它们幻化成了一串大大小小的气泡，有些因为时间久远，气泡中的人都已经面目模糊。未来是一个巨型的气泡，里面闪烁着七彩的光芒，充满了我的美好想象。

每一天我渴望的事情，就是挣脱今天的束缚，投入未来的怀抱。可是希望一次又一次落空，我知道，每一天太阳升起的时候，我都只能再次踏入今天，我被永远困在今天的气泡中，无法逃脱。

一旦你的脚踏入当下的河流中，你的热情和期望就会被现实的水流打湿。那些美梦只有在尚未实现时，未来只有在想象中是最美好的，是完美无瑕的。任何人、任何事情，包括生活，只要你深入接触，就会发现它面目可憎。

那一年我坚信生活永远在远处，坚信未来一定会比现在好，所以要不断逃跑，跑向更远的地方，跑去没有人认识的陌生的地方，逃开所有熟悉的人。我以为成长就是一种不断抛弃过去的过程，把曾经经历过的点点滴滴都忘掉，把生命中的一段时光大块地切割掉，把那段不愉快的记忆直接抹掉。似乎只要这样做，就可以成为一张空白的纸，没有过去，不在意当下，心里只有未来。

可惜未来永远不会来，因为每一个明天都变成今天。原来我既不能收藏过去，也不能拥有未来，唯一能紧握的就只有当下。但是我对待当下的态度却是如此漫不经心，一心只想着怎么样让今天尽快过去。我会生气地说："这不是我想要的生活，我只要熬过这一阵，就能进入一个全新的阶段，就会过上我想要的生活。"

用这样的态度去生活，其实是双脚离开地面，永远飘浮在空气中。我很不愿意承认，但事实就是如此，这十年来，我没有认真对待过生活。我不敢直视它的眼睛，因为我总觉得它太过平庸，有时候还很丑陋。我害怕去面对每一天毫无差别的重复，我拒绝接受生活是千篇一律的无聊。

我把希望寄托给未来，却从来没有想过，我想要去的未来，都是靠着今天的努力，一步一步走过去的。而过去、当下和未来，其实从来都是融为一体的，它们根本无法分割。它们是人生中的时时刻刻，是呼吸的每一个刹那，是做出的每一个决定，是心里的每一个选择。而所有的一切，都发生在当下。

高中三年，包括后来许多年的时光，我都用忍耐的心态来度过，所以体会不到一丝一毫的乐趣。但是这些日子实际上是有意义的，它们都是我生命的重要组成部分，并不是可以随手丢弃的垃圾。那些用心对待生活的人，会从中获取无穷无尽的宝藏，而我却一无所获。

现在，我放弃追逐未来，选择踏踏实实活在当下。换个角度来看，"今天"并没有我感受中的那么差。如果能用心过好每一个"今天"，也就过好了一生。生活从来不可能在别处，它只存在于这里、此刻。所以，活在当下。

语言的边界就是世界的边界

搬到一个完全陌生的国家生活，不得不面对的一个无法回避的问题，就是语言壁垒。搬到国外之后，我一直拖延，不愿意去政府机构办理社保材料。这样一件看似简单的事情，却迟迟不愿意行动，一拖就拖了整整两个月。我讨厌老公发短信问："今天准备出门吗？要去处理社保材料吗？"

每次我都找各种理由和借口敷衍过去："这个事情还不急，最近外面天气太冷，等几天我再去处理！"但实际上，这件小事就像夏天的蚊子，总喜欢在深夜入睡时，盘旋在耳边，发出恼人的嗡嗡声。我想挥挥手把它赶走，但是隔段时间它又再次浮现。

"只不过是去办理一些材料，如此简单的事情，为什么我会不断拖延？"其实我知道答案，不过这个答案让人有些难堪。真实的原因是我被语言困住了，我的英语水平还不够高，无法顺利进入英语的边界里，听不懂也说不出，无法交流。这种情况让人痛苦，所以我选择逃避，尽量避免社交。

维特根斯坦说："我的语言的边界就是我世界的边界。"这句话生动描述出当时的困境——我被困在汉语的世界里。被语言的边界困住是件很痛苦的事。我常想，无法用英语表达内心的想法，那我还是我吗？说中文的我和说英文的我，展现出两种截然不同的人格。在中文语境里时，我就像一只海豚，在大海里畅游，可以尽情地表达自己。但生活在英文语境里时，我就像鱼儿搁浅在沙滩上的小水坑里，我的灵魂被语言束缚在了身体里。

我自认为是个擅长学习的人，但是被语言困住，证明自己的语言学习能力如此平庸。另外我发现，之前学习的英语根本不实用，和当地人交流的时候根本用不上那些内容。所以一切都要从头开始，那种深深的挫败感是难以言说的。

除此之外，被语言困住，更糟糕的情况是什么？是尴尬，是害怕蹩脚的英语引来旁人的眼光和嘲笑。我看到对方的嘴唇在一张一合，耳朵也能听到声音。可是大部分的单词不在认知的范围内，就无法把它们转化成有效信息。所有的想法都同时迸裂在脑海中，但是嘴巴里发不出任何声音。

一旦遇到这种情况，我只会条件反射般挤出尴尬的微笑，掩饰自己一无所知的事实，人像被固定的木偶，喉咙仿佛被人用手牢牢掐着，说不出一句话，连让他们重复一遍的勇气也没有。

"也许你应该试着挑战自己，其实你的英语说得挺不错的，去试试看吧。"我翻看老公发来的最新消息。他总是那么了解我，我感觉自己在他面前是完全透明的，心里的那点小九九早就被看透。

我回忆着这两个月发生的事情，惊讶地发现，到目前为止，从来没有人嘲笑过我的英语，一次都没有。甚至在我听不懂的时候，很多人会主动放慢语速，用简单的词组和句子非常耐心地解释一遍又一遍。

“难道这些恐惧从头到尾源于我的想象？”这样一想，我竟有点分不清自己到底是被语言的边界困住，还是掉入了人为设限的圈套？不过无论是哪种情况，我觉得都应该去拓宽边界。学习外语要持之以恒，突破内心的限制同样重要。

那天我终于鼓起勇气出门，去解决这件拖延已久的事情。工作人员唇舌快速翻动，我很努力地听着，但是太多单词我从来没有遇到过，语速太快我来不及反应，听不懂的情况再次出现。尴尬、难堪这些情绪又一次将我淹没。我的脸上不由自主露出笑容，这是我准备放弃沟通的前奏。可是转念一想，等一下，不要那么快就选择放弃，也许你可以让他说慢点。

“我有个疑问，可以问下吗？这里我不太清楚。”我结结巴巴地说着内心的疑惑，“你可以再解释一遍吗？”

工作人员立刻明白了我的需求，不仅放慢了语速，还开始用简单的词汇讲解规则。我突然意识到：“也许在这些美国人心里，预设所有人都能听懂他们的语言。而如果你沉默不语，保持微笑的话，他们会认为你已经听懂了。但是当你提出疑问的时候，别人也会有所改变。”

原来不是听不懂，而是因为我太紧张，所以没有接收到全部的信息罢了。事情顺利解决，许多事情根本没有想的那么复杂，拓宽自己的边界也没那么困难，一直把自己圈定的小小范围内，这才最让人难受。

语言不通这个难题，随着时间的慢慢流逝，一定会被克服的。而心态问题，才是首要问题呀！

生活总是充满挑战，而我们选择用什么样的态度去面对挑战，才是问题的关键。有时候太过害怕丢脸的想法会让人束手束脚，本来可以应对的问题也变得困难起来。逃避、拒绝面对、假装视而不见，都不是解决方法，唯一的方法就是直面挑战。

语言的壁垒也只是我们需要面对的无数困难中的一个，而且只要付出努力，再加上时间的力量，最终一定会克服它。最重要的是不要把困难在内心深处放大，一旦自己放大了困难，在困难面前就会显得弱小，形成一种鲜明的强弱对比。现在的我还在努力攻克语言的难关，但让我感到庆幸的是，一切正在变得越来越好。

你永远给生活负面评价，生活也暗地里给你打了差评

不知道你们身边有没有这样一类人，从他们的嘴巴里，永远听不到一句好话。他们给外界的评价，永远是“差评！差评！差评！”

我遇到过这样的人，而且这种“差评专业户”在生活中还并不少见。他们的共同特点就是：世界上大部分事情都不能让他们满意。

在同一家饭店吃饭，明明大部分人的感受是还不错，但是总会有这样的人，用充满挑剔的语气说：“这家饭店服务态度奇差，东西难吃，差评！”

外面下着大雨，快递小哥迟到了五分钟，差评！服务员没有面带微笑热情服务，差评！在网上买的衣服有线头，差评！老公说了让她不开心的话，差评！下属没有按时提交材料，差评！

他们永远给生活打差评，所有的评价都是负面的，想从他们的嘴里听到赞美或者夸奖，近乎不可能。在美剧《老友记》中，女主

角莫妮卡的妈妈就是这样一个无比挑剔的人。她不断挑剔莫妮卡的发型、身材、工作，甚至对她沙发上的枕头摆放方式都不满意。这种性格不是天生的，而是后天形成的。她的母亲对她特别挑剔，总能找出她的不足，不断批评。久而久之，她也形成了这种负面的思维模式，遇到任何事情都要先找碴儿。

我也认识一位“差评专业户”，她有习惯性的“差评思维”。而她和她母亲的关系，竟然和电视剧中的情节非常类似。她过得开心吗？当然不开心。她曾经抱怨过：“为什么这个世界上所有倒霉的、不愉快的事情都让我碰上呢？周围的人都针对我，甚至连吃饭也不愿意带上我。”她想不通：为什么生活如此不公平，为什么事情会变成这样？

其实只需要简单思考一下，答案就呼之欲出。她讨厌整日被母亲挑剔，讨厌被母亲批评，讨厌围绕在母亲身上的负面气场。既然她讨厌这种感受，那么自己为什么不试着跳出这样的圈套呢？

没有人愿意和一个带着“差评滤镜”的人相处。当你永远给生活打负面评价时，生活也回馈你“差评”。总用挑剔的眼光看待世界，用负面的言论去评价生活，你会把周围的人越推越远。

生活并不完美，只要去挑剔，你总能找到不满意的地方，你总是会发现生活中黑暗和负面的东西。但是这些东西，只是生活多个层面中的一个横切面而已。面对同样的事情，依然有很多人能从中体会到不同的乐趣。

同样看到半杯水，乐观的人高兴地说：“太好了，还剩半杯水！”消极的人垂头丧气地说：“真倒霉，只剩半杯水了！”同样的事物，换个思维方式看待，结论会完全不同。用包容的眼光去看待世界，生活不缺少美，只是缺少发现美的眼睛。多去观察生活阳光的一面，你也会变得充满正能量。

❧ 不懂得换位思考，永远从自身角度出发，就无法客观地看待事情

跳出以自我为中心的思维怪圈，尝试换位思考，客观理性地分析问题。当不顺心的事情发生的时候，我们可以试着换位思考。

比如，快递师傅送餐迟到，会不会是在路上摔倒受伤？或者迷路了，电梯太挤了？服务员脸上没有微笑，会不会是家里遇到什么困难了？下属的精神状态不好，是不是他身体不舒服呢？

一旦我们学会站在他人的角度思考问题，你会发现每个人都不容易。得饶人处且饶人，退一步海阔天空。这样一想，心中的挑剔和不满也会减少很多，对待别人宽容些，那些“差评”的话就不容易说出口了。

❧ 贪图小利，只会失去更多

一味地差评，虽然可以获得蝇头小利，却丢掉了诚信。在某些情况下，给商家一个差评，确实可以获得一些优惠，比如打折或者收到优惠券之类的。我觉得一两次差评其实是很正常的，因为社会上确实存在无良商家，我们要坚决地维护自身的正当权益。但是那种恶意打差评的行为，属于人品有问题。

“君子爱财，取之有道”，通过打差评的方式来获取优惠，我不愿意做，也不想和这样的人成为朋友。一两次的差评，也许可以获得些许甜头，但是因此而付出的代价是丢失了诚信。周围的人也会

渐渐对“差评专业户”失去信任，从而选择远离，这样做简直是得不偿失。

还有些差评者其实是不愿意付出金钱，却想享受高质量的服务。当你对生活的要求太高、太挑剔的时候，请认真思考一下，你的要求是否有不合理的地方呢?

如果你想要优雅的环境、优质的服务、美味的食物，你可以选择去高档的饭店。吃麻辣烫，就不要想吃出自助餐的感觉。市场运行的法则是一分钱一分货。去吃路边摊就不要抱怨环境不好、服务差。买超低价的衣服，就不要抱怨有线头。你可以在合理的范围内维护自己的权益，但不能过分。

生活到底是什么样的呢?其实取决于你的心态。我的建议是：试着给生活打个好评，说不定生活就会回馈我们惊喜。多赞美别人，没有人喜欢批评。卡耐基有句名言：“赞美别人，是让人喜欢你的最简单的方法。”所有的人都喜欢听赞美，这是人的本性。试着对身边的人说一句真诚的赞美之言吧。多去观察观察生活中美好的细节，也许是拂面的微风，也许是树上的嫩叶，或者是天上飘荡的白云，你都可以赞叹一句：“真是美好的一天，也许今天会有好事发生呢！”

第二章

面对原生家庭，
你并非无能为力

原生家庭中最缺少的是爱的教育

我很喜欢Facebook的创始人扎克伯格写给女儿的一段话："我希望即使在梦里，你依然能够感受到爸爸妈妈是多么爱你。童年时光充满魔力，你只有一次童年，别把它都花在担心未来上。那些事情都留给爸爸妈妈，我们会竭尽所能让这个世界变得更好，为了你，也为了你们这一代所有的孩子。"

每一次读到这段话，我都热泪盈眶，因为如此直白地表达爱意的方式，我从来没有经历过。这是一个爸爸写给女儿的信，这封信中充满爱的力量，它饱含的真情实感能够打动人心。

列夫·托尔斯泰说："幸福的家庭是相似的，不幸的家庭各有各的不幸。"幸福的家庭的相似之处是妈妈被宠爱，爸爸被尊重，孩子被接纳，家庭洋溢着暖暖的爱意。

说句心里话，我接触过的幸福的家庭并不多，在我生活的世界里，周围大部分家庭里的亲情是非常淡漠的。而少数的幸运儿在充满爱意的家庭中长大，他们的性格明显阳光开朗许多。

沐浴着父母的爱的孩子，心灵可以健全地成长，父母的珍视让他们懂得珍惜自己，懂得选择进步，而不是落后。懂得追求幸福，而不是自暴自弃。他们将自尊自爱作为人生的起点，这是比黄金还宝贵的价值。“我是一个有价值的人”，有了这样宝贵的认知，便构成了健全心理的基本前提。

原生家庭不幸福是常见现象，英国哲学家罗素在《幸福之路》里是这样写的：“在前人传给我们的全部制度中，没有什么比今天的家庭更为混乱和越轨了。本来，父母对孩子的爱，和孩子对父母的爱，应该是幸福的最大源泉之一。但在今日的现实社会里，父母与孩子的关系在90%的情况下倒成了双方不幸的根源，在99%的情况下成了双方之一不幸的根源。”

童年时期，我觉得父母的行为无法理解，甚至怀疑他们是否从来没有当过小孩，他们肯定一出生就当家长，因为他们看上去一点都不了解我的想法。难道他们自己不是从孩子长大的吗？

现在我终于恍然大悟，原来是身份发生转变，看问题的角度就完全不同了。父母所处的位置和孩子是不同的，他们看到的是自己为孩子付出的部分。养育孩子确实不是一件容易的事情，无论是物质方面，还是精神方面，都需要大量的投入。

那么第一个问题就是：所有父母都是合格的父母吗？

答案毫无疑问是否定的，我用日本作家伊坂幸太郎的话来回答：“一想到为人父母居然不用经过考试，就觉得真是太可怕了。”

养孩子不是一件简单的事情，但是竟然不用学习，也没有任何门槛，只要生理条件允许，就可以成为父母，这怎么能不可怕呢？很多人自身都还不是一个成熟的人，也不是情绪稳定的人，突然间成为父母，需要对另外一个生命负责任，这真是让人忍不住捏一把冷汗。

想想看，你忙碌工作一整天后回到家，孩子围着你吵吵闹闹，想吸引你的注意，你有没有感到烦躁？你有没有不耐烦，想不想把心中的怒火发泄出来？骂孩子两句，甚至打孩子几下，把他们当成出气筒用用，把在外面遭受的怨气都转移到孩子身上。反正骂两句也不是什么大事，孩子身上又不会掉块肉，很多父母这样想着。

孩子们无法决定自己投胎在什么样的家庭，所以无论遇到什么样的父母，都只能逆来顺受。我常常觉得，不幸的家庭是最小又最恐怖的单位，在封闭的空间里，可能发生各种悲伤的故事。在外人看不到的地方，那些弱小无助的孩子在默默承受着痛苦。

正是因为什么人都可以当父母，所以并非所有的父母都是合格的，这就是问题所在。

既然父母并非都合格，那么他们的行为就一定完全正确，不能反抗，也不能批评吗？

在中国的传统文化中，孝顺父母是天经地义的事情，甚至有些人还有一种“愚孝”思想，认为无论父母的言行是否正确，都要无条件接受。

一旦你表现出丝毫的叛逆，就会被扣上大逆不道的帽子。父母批评子女时会说：“你竟然还敢顶嘴，真是大逆不道，一点都不孝顺！”不孝顺的帽子一扣，孩子立刻吓得瑟瑟发抖。要知道不孝可是一件“重罪”，是“品行不端”的表现，没有孩子能承受这么大的罪责，所以无论心里有多少不满，都只能默默咽下去。

就这样，父母的所有行为突然变得不可批评。此外，父母会给自己的行为披上爱的外衣，他们最常说的话就是：“父母是爱你的，我们这么做都是为你好。”父母无论做什么，都是因为爱孩子。以爱之名，这些行为就变得神圣，变得无法指责。

所有父母都爱自己孩子吗？这个问题的答案看上去似乎是毋庸置疑的。但实际情况是这样吗？罗素是这样描述某些父母对孩子的爱：

“另一方面是权力欲和柔情心的混合，新的生命无依无靠，于是父母便有满足他的需求的冲动，这种冲动不仅满足了父母对孩子的本能的爱，也满足了父母的权力欲。只要你认为婴儿还需要照顾，那么你对他的爱便不是无私的，因为这种爱只不过源于对自身脆弱天性的保护。但在很早的阶段，父母亲的权力欲与孩子自身的各种欲望之间就开始了冲突，因为尽管摆布孩子的权力在一定程度上是天经地义的，但如果孩子能尽早学会独立自主，也不失为一件好事——这件好事却会使那些迷恋自身权力欲的父母深感不快。”

也许这些爱意是真正存在的，但是他们的爱中还掺杂着其他成分，比如权力欲和控制欲。有些父母根本就不爱自己的孩子，只是不愿意承认而已。

当孩子的想法和父母的期待产生冲突的时候，当孩子的行为让父母感到无法掌控的时候，这种冲突会让很多父母深感不快。如果孩子不像自己预期的那样听话，如果孩子没能如愿考上名牌大学，如果孩子三十岁了还没有找到对象，没结婚，如果孩子没能功成名就，没有赚钱发大财，面对这样的孩子，父母还能给予无条件的爱吗？

很多家长根本不懂什么是真正的爱，甚至连爱的能力都没有，就口口声声说爱孩子。我赞同这样的观点：父母不一定爱孩子，但是孩子一定是天然爱父母的。孩子对父母的爱是无条件的。即使他们在成长的过程中受到伤害，也常常把责任揽到自己身上。

爱不是完全的控制，爱不是病态的自我牺牲。如果父母跟你说这样的话："我为你付出了那么多，你却这样对我？"这样的父母一般不是真正爱你。

真正的爱是行动，是基于灵魂的行动。如果你认为自己爱他人，却没有躬身实践，就等于从未爱过。与此同时，不管是爱自己还是爱他人，为心智的成熟贡献力量也是出自自主的选择，也就是爱的选择。真正的爱是自我完善的特殊体验，跟自我界限也有着密切的关联。当我们真正爱上一个对象时，我们希望给它滋养，让对方成长，这就是一种精神灌注。

更让我感到讽刺的是，很多父母打着爱的旗号，进行所谓的"挫折教育"。我爱你，所以我要打你，我要骂你。我爱你，所以我要给你的人生制造点挫折。说出这种话的人，你是认真的吗？

挫折教育不是父母无缘无故的情绪发泄，也不是父母对孩子随意的打骂，更不是父母永无止境的控制欲。

什么才是真正的挫折教育？我认为，挫折教育是培养孩子正确面对挫折的态度，而非人为地给孩子制造心理阴影。成年之后，世界变得很复杂严肃，孩子必然会在社会中遭受挫折，而家应该成为心灵的避风港。

在遇到困难的时候，孩子知道自己不是在孤军奋战，背后有父母的帮助、安慰和支持。父母的爱成为强大的力量，让孩子可以不畏困难，敢于直面挫折。如果连家的庇护都没有，那么对孩子而言，人生就无依无靠。郑渊洁说过："如果一个孩子在外面受了欺负，第一个想法不是回家找父母寻求帮助，那和狼孩有什么区别？”

中国人民公安大学教授李玫瑾在演讲中提到自己的童年时光。她说自己小时候吃过很多苦，因为她的母亲从来不娇惯她。在她很小的时候，母亲就锻炼她，让她多干活，比如和泥、绣花、拉练，轻活苦活都干过，但是她一点都不觉得苦。

因为她的母亲很爱她，懂得爱的教育，所以她的精神是富足的，内心是充满安全感的，她长大后经得起挫折。物质条件可以艰苦，甚至肉体也可以劳累，但是精神上是愉快的，这样的教育才是真正的挫折教育。

请家长们不要把情绪失控的行为美化成挫折教育。挫折教育不是人为制造挫折，而是要告诉孩子，谁都会遭遇挫折，而父母永远是你的后盾。你在外面闯荡，受伤的时候，不要忘记还有父母，这样孩子才能更加坚强地面对残酷的世界。

所以原生家庭里，爱的教育是最重要的，这种爱的教育不仅仅是针对孩子，父母也应该学习如何去爱。我知道很多人没能从原生家庭中获得足够的爱意，更让人心痛的是，很多孩子遭受伤害后，认为自己是不值得被爱的。其实每一个人都是值得被爱的，即使我们没能从原生家庭中获得爱，我们也不应该放弃自己。学会自爱是最重要的，当我们认为自己是值得被爱的人，是一个有价值的人，我们才能开始认真生活，不再荒废时光。

我们可以做出一些改变，让生活更美好。比如，学着去照顾自己的身体和心灵，给自己烹饪美味佳肴、清洁身体、打扫居住的环境、按时睡觉；努力学习，不断开发自己的大脑；从一些简单的小事做起，善待自己，把时间和精力用来浇灌自己。

写给父亲的一封信

自从进入青春期之后，我和父亲的关系就降到冰点。从我离家求学、独立工作以后，我们见面的机会变得屈指可数，我们之间的坚冰越来越厚，越来越难以融化。直到后来，已经变得无话可说。一家人沉默地坐在一张桌子上吃饭，谁也不知道该讲些什么。

每次我绞尽脑汁想说点轻松愉快的事，看着喝得醉醺醺的他，最后只能恨铁不成钢地来一句："你少喝点酒，整天喝得不省人事的，像什么样子！"说完，我才惊讶地发现，自己的语气和母亲简直一模一样。

他听到我这样说，一点都不生气，反而笑着说："你看看你，和你妈太像了，就是管得太多。"他一边说着，一边默默放下了酒瓶，没把酒杯斟满。

母亲经常说："你爸他谁的话都不听，只有你说的话他才能听进去，有时候需要你来管管他。"

不过有一件事情改变了我，那是在工作后的一次培训中，老师让大家写一封感谢信。就在我犹豫该写给谁时，老师邀请一位泣不成声的女生上台，分享她写的信。

她满脸泪痕地说："这封信是写给我爸爸的，他在不久前去世了。请原谅我不想读信的内容，因为那是属于我和他之间的秘密。我很后悔有些话没能早点告诉他，如果你们和父亲之间有什么话想说的话，那就及时说出来吧。"

看着她红肿的双眼，我整个人像是被闪电击中了一样，突然间想到了自己的父亲。这些年来，我总是责怪他、埋怨他，从来没有站在他的角度思考过，不仅丝毫没有体谅过他，也从未对他说过一句感谢。

我的父亲是个普通的男人，他并不是一个能力卓越的人，不仅不擅长交际，而且不会赚钱，就是一个苦苦挣扎着讨生活的男人。社会对这样的男人并不宽容，因为"男主外、女主内"的观点根深蒂固，男人养家糊口也被认为是天经地义。一旦一个家庭中的男人无法实现社会期待，那么他也就不拥有为一家人带来幸福的能力。

我们最开始的关系并非如此，我相信许多孩子在童年时期崇拜自己的父母，我也不例外。在我心中，他曾经是全世界最好的父亲，我们之间曾经有过无数快乐的回忆，这些回忆都在我伤心难过时，安抚我的心。

童年时期的夏日午后，我们最喜欢玩这样的游戏：他躺在凉席上，我侧着头，把耳朵贴在他的肚子上，就能听到"咕噜咕噜"的声音。我对此感到惊讶不已："爸爸，为什么你的肚子里有水流的声音？"

他笑呵呵地告诉我："因为爸爸肚子里有一条小溪呀！"

"那你肚子里还有什么？有山吗？有云彩吗？"我急忙追问道。

"我的肚子里面什么都有，还有墨水呢。"他的话让我更加震惊，我永远都想不明白为什么他的肚子里会有墨水。我试图掰开他的嘴巴，看他的舌头有没有被墨水染黑。他看着我信以为真的样子，抱着我哈哈大笑起来。

父亲家里很穷，但他当年是村子里走出来的大学生，还真算肚子里有点墨水的文化人呢。那时父亲是我心中的骄傲，我总是在同学们面前炫耀，他不仅有文化，长得帅，脾气也好，从来都没有打过我。在我心中，他简直就是世界上最好的父亲。

可是在母亲的眼里，却看到了完全不同的一面。家里的争吵从来没有停止过，三天一小吵，五天一大吵。刚开始我不理解他们到底为什么争吵，觉得是母亲在无理取闹。后来才明白，原来他们吵架的根源是金钱。生活是需要物质基础的，最终要落在一餐一饭中，光靠爱情是无法存活的，没钱的日子太难熬。刚开始父亲还会和母亲争辩几句，后来他选择沉默。

"妈，快消消气吃饭吧。"从小，我就在父母中间，充当调停者的角色。我总是幻想着有一天，他们能够理解彼此，家庭氛围可以变得和睦起来。

不过，生活对我们这个贫穷的家庭并没有多少同情心。没过多久，父母就双双下岗。为了生存，他们开始讨论所有可能的出路。也许就是从那时起，父亲的光环在我心中逐渐消失。我意识到原来所谓的高学历没什么用，现在失业了，也同样找不到什么出路。

随着时间的流逝，我敏感地察觉到贫富差距，贫穷的滋味并不好受，特别是对一个青春期的女生而言。青春期的我敏感又自卑，把生活的痛苦全部归结于家里穷。而当时我认为贫穷的原因就是父亲，是他不努力挣钱，没能力让妻儿过上好日子。

这长达十年的叛逆期里，我和父亲之间逐渐变得无话可说。他也曾经试着拉近我们之间的关系，但我把心门紧闭，谁都不能闯进来。

我从来没有想过，父亲心里会有多么难过，曾经无话不谈的女儿再也不和他交流了。我怪他、恨他、埋怨他，不愿意理他。当时唯一的想法就是不能像父亲那样，我一定要成功，要努力赚钱，绝对不再过穷日子。

没多久，现实就给了我几个火辣辣的巴掌。一直以来，都是我把一切想得太容易。王小波说："生活就是个缓慢受锤的过程，人一天天老下去，奢望也一天天消失，最后变得像挨了锤的牛一样。"

步入社会后，当老板评价我太"单纯"，不懂人情世故，不会做人的时候，当领导把我骂到痛哭流涕而我却一句话都不敢反驳的时候，当我在社会上混了好多年依然不愿意说假话的时候，当我面对种种不利的情况还是不愿意改变本性的时候，我才发现，原来我在骨子里，和父亲一模一样。

我以为赚钱和成功很容易，而实际上我拼尽全力，也只能维持基本生活而已。我的父亲在下岗后，靠着帮工厂维修机器养活一家四口，他从未抱怨过一句。也许就是那一刻，我彻底理解了他。我才领悟到什么是体谅，原来从头到尾都是我太天真，生活从来不容易，父亲也拼尽了全力。

许多往事涌上心头，我想起初三那年，每天晚自习结束后，都是父亲来接我回家。漆黑的夜晚，我们并排骑着自行车，沉默不语，从路灯下经过。那段时间我的学习成绩有些下降，很怕回家后被母亲责骂。

“爸爸，如果我不再考班级第一名，你会生气吗？”

他毫不犹豫地说：“当然不会。”

“那我考多少名，你才会生气？”

他思考了一会儿说：“你考多少名我都不会生气的，只要你努力就行。不过如果你一定要问的话，那就第八名吧。”

我忍不住笑起来：“第八名怎么可能？”

父亲总是这样温柔地对待我，曾经我责备他没有要求，现在回想起来，才发现这是一种智慧。

当那些我以为已经忘却的细节再次涌现在眼前的时候，它们全部幻化成泪水，流露在笔尖上，最后我给父亲写了这样一封信：“爸爸，这是我给你写的第一封信。这些年来，我对你的态度很不好，现在想来都是我错了。每个人的能力有高有低，不能完全用赚钱能力去衡量一个人，也不能用这样的标准去全盘否定一个父亲。”

是的，我的父亲只是一个普通人，他没有什么背景，靠自己在社会上闯荡。虽然他没能让我们过上锦衣玉食的生活，但是他任劳任怨地打工赚钱，供我读书学习，让我不愁吃穿，这其实已经足够。我不应该要求太多，我也没有资格这样去要求他。在这个家里，我从未付出过一分一厘，一直都在不断索取。

信寄回老家，我内心有些忐忑，这些话我从来没有说过，不知道他收到信以后会是怎么样的反应。可是过了好久，都没有听他提起这封信，我倍感失望。虽然我知道他性格内敛，不愿意多说话，但是我还是担心一切都已经太迟。也许我们之间的关系，再也无法和解，冰冻三尺非一日之寒，他早就对我失望了。

直到两周之后，母亲才告诉我，原来信被塞到邻居家去了。当邻居把信送过来的时候，父亲刚开始很惊讶，甚至不相信那封信是写给他的。

后来他和母亲一起读着我写的信，他的眼眶红了，连声说："女儿长大了，长大了，懂事了。"他不停地重复着这句话。

我知道，因为这封信，我和父亲之间的寒冰已经开始融化。

谈钱不伤感情，不谈钱伤感情

中国有一句俗话："谈钱伤感情。"对此我有着完全相反的观点，我觉得谈钱不伤感情，不谈钱反而伤感情。都说钱不是万能的，但没有钱是万万不能的，既然钱这么重要，你的原生家庭会把理财、金钱等话题放在明面上讨论吗？

实话告诉大家，从小到大，父母从来没有和我聊过钱的事情，原因很简单：不好意思谈，不知道怎么谈，而且家庭缺少财商教育。

随着年龄的增长，我成为一个独立成熟的个体，父母不再把我当成小孩子，终于可以平等对话。我也抓住机会，和父亲谈谈钱。

故事的开端要从那"三万元"讲起。父亲十几年前下岗之后，就没交过养老保险，现在要把之前欠的一次性补齐，大概三万。结果他说自己付不起，全身上下只有五千元，而且这是他的全部积蓄。

母亲告诉我这个消息之后，我觉得挺震惊的。一个五十多岁的男人，一辈子的储蓄金额如此微薄，让人难以置信。之前他曾在我面前吹嘘过，一个月能赚五千多。在老家这种“十八线”小县城里，物价水平很低，五千元用来生活绰绰有余。自从我工作以后，父母收入是独立的，他们自己赚钱自己花。

母亲想让我借此机会和父亲好好聊一聊。其实刚开始我有些犹豫，我从来没有想过会和父亲谈金钱。这是一个严肃的话题，也是成年人之间的话题。但是，我转念一想：为什么不能谈呢？他对金钱模糊的态度，多么像曾经的自己呀！没有金钱的概念，不会储蓄，也不会理财，每个月都是月光。实际上财商教育是非常重要的，而且财商的高低和年龄无关，和原生家庭的熏陶有很大关系。

那天晚上，我特意没有早睡，一直在等他。他又在外面喝得醉醺醺的，他平时性格内向，不多说话，只有喝醉酒才会话多起来。此刻我也不管他能不能听进去，还是拉住了他。

“老爸，有件事我想和你聊聊，挺重要的。”我特意拿着本子和笔，准备和他详谈一番。

他很意外，喝醉酒的他比平时放飞自我，笑呵呵地说：“乖女儿要和老爸谈什么呀？”

“关于你养老保险的钱，我可以借三万给你。”我特意用借这个词。

他听了有点不高兴：“我把你养这么大，三万块钱还要借吗？你就帮老爸交了又能如何呢？”

“那还真是无能为力，因为我也没钱。我是最近才意识到钱的重要性，之前完全没概念。工作几年来，收入都被挥霍一空，现在回想起来挺后悔的。”我的话锋一转，“但我现在有点开窍，我想和你聊聊。”

他的表情也开始变得认真，安静地坐在我旁边。我打开笔记本，问他：“今天我们就好好聊聊钱。我先问你几个问题，你知道自己一个月收入多少吗？是你之前说的五千吗？”他是开店的，收入不稳定。

他有些不好意思，犹犹豫豫地说：“也不是每个月都五千，有时候只有两三千的。”

“那我们假设你平均一个月收入三千，你一年也有三万六，这五年来也有十八万了。你记录过自己的收入吗？”

“我赚的钱都攒起来，也没有准确记过。肯定没有赚那么多，收入不稳定的。”很明显，十八万这个数字吓到他了。

“好，假设没有十八万，那十万总有了吧，但是你现在身上只有五千，这么大的差距，你知道钱都花在哪里了吗？”

“钱当然是花掉了呀！请客吃饭，还有人情往来，每个月人情往来很多的，花钱不少。”我知道他会提这点，小县城的人情往来确实有点频繁，这点我是理解的。

“也就是说，你赚的钱，大部分用在去饭店吃饭和人情往来，对吧？那你统计过一个月在人情往来上花多少钱吗？一个月两次有吗？”老爸大部分时间都是在家里吃饭，在饭店吃饭的机会不多。而且他对生活品质毫无要求，衣食住行都很朴素，这样一个生活极度节俭的人竟然没有积蓄，真是不可思议。

“谁会记这些东西啊？”在他心中，记录消费是鸡毛蒜皮的小事。

“那你觉得赚钱容易吗？”我换了一种问法。

老爸听我这样问，立刻嚷嚷起来：“赚钱哪有容易的？我帮别人维修机器，活很重很脏的，世界上没有容易的事情。”

“我也觉得赚钱不容易。你现在年纪也大了，辛辛苦苦赚点钱，却不知道花在哪儿了，不可惜吗？生活质量没什么提高，衣服也没穿好衣服，旅游也没有出去旅游，吃的喝的也都普普通通，问题是你的钱都去哪了呢？”

他陷入了沉思，停顿了一会才说：“我也不知道钱花在哪里了，反正就是没了。”

这种话就是我以前经常说的，钱不知不觉就没了。“这不是你一个人的问题，之前的我也是这样的。其实很多人都是这样。感觉每个月辛辛苦苦赚的工资，没怎么花就没了。你看看，你赚多少钱也不知道，花多少钱也不知道，你对金钱完全没概念。”

他听了之后还是嘴硬，不愿承认：“我怎么对钱没概念？”

“那我问你，你的收入这些年没什么变化，当初收入可以养我们一家四口，我和姐姐还读着大学。现在你赚的钱自己花，为什么没有存储下来呢？这五年，你也掌握经济大权。现在遇到问题，手头没有钱的感觉怎么样？一分钱难倒英雄汉。”

看他不说话，我立刻乘胜追击：“其实大部分人没什么储蓄意识，但我妈就有。当年家里收入不高，也没遇到拿不出钱来的时候，对吧？再说了，我妈的退休金才多少啊？和你的收入不能比。你看她，还分期付款买了车呢。而你呢？”

“全家就你妈最厉害！”他的语气里透出一股酸溜溜的味道。

“说借钱给你，是为了让你学会强制储蓄。这样，你每个月还一千五百元给我，有钱就多还点，没钱就少还点。你要学会记账，清楚自己的收支情况。我和姐姐呢，这辈子也不可能发大财。但是将来你们有需要，我们肯定二话不说就会帮你。而你也要为将来做打算呀，你想过老了之后的生活吗？”

“我也没准备指望你们。你不愿意帮我交养老保险，就不交了。老了我就去乡下找个地方自己过。”中老年人思考养老问题的时候，内心难免会充满不安全感。

“那我们怎么忍心呢？问题肯定会帮你解决，但你要认清楚，自己不擅长管理金钱，这点你承不承认？”我忙不迭地安抚他。

他竟然没有反驳我，按照正常情况，他是绝对不会承认自己的任何不足的。我继续说：“如果你觉得理财麻烦，不愿意理财，那你就让擅长的人做擅长的事。你看我妈会理财，你像原来一样，定期把钱交给她。放心，我和姐姐不会动你们的钱，这些钱储蓄起来也是一笔养老金。还有几年你就退休了，到时候退休金也要学会储蓄。”

他听出了我话里行间的潜台词是想让他交出财政大权，脸上流露出一丝不情愿：“我先还钱给你吧，后面的事情再说。”

万万没想到，一年不到，他就还清了向我借的三万元，还开始主动把钱交给老妈。今年国庆，我们一家团聚，他竟然对姐姐说：“你要储蓄，不要乱花钱，不需要的东西不要乱买。”

我扭头看了他一眼，不敢相信这些话是从那个“一问三不知，对钱没概念”的老爸嘴里说出来的。看来我们的深夜谈心有点作用呀！那一刻我感慨万分，谁说家人之间不能讨论金钱呢？有时候把金钱拿出来说清楚，也许会让生活不再那么混沌呢！

我觉得财商的培养是非常重要的，都说金钱不是万能的，但是没钱是万万不能的。我们手里有了金钱之后，究竟该如何合理地使用它、管理它、投资它，这些问题都是值得考虑的。我和父亲讨论金钱话题，并没有伤害我们之间的感情，反而让彼此对金钱的理解更加深刻，对家庭未来的规划也更加清晰，这怎么会是一件伤感情的事情呢？

一次离别

大清早天还没亮，闹钟就响了，我长舒一口气，揪着的心终于落下。这一整夜我几乎没睡，脑中充斥着纷乱的思绪，它们就像刚从笼子里放出来的白鸽，根本按不住。就在今天，我将离开这个无比熟悉的家，去一万公里以外的陌生国度生活。

今天要赶车，绝对不能耽误。我睁开酸涩的双眼，脑袋还没完全清醒，机械地把手臂伸出温暖的被窝，摸索着穿衣服。我听到微弱的"咔嚓"声，是妈妈打开客厅的灯，她也醒了。紧接着是塑料袋摩擦发出窸窣的声音，她肯定在帮我收拾行李。

我太熟悉关于离别的一切，从考上大学那年开始，就是我不断离家的旅程。整整十年，去外地求学、工作，直到结婚，每次离开，她都会给我准备一大包沉甸甸的食物，还要亲眼看着我拎上车。

我曾经很厌烦她准备的那些东西，我压根不想和土里土气的食物产生关系。家里经济情况一直挺拮据的，包里装的不外乎是苹果梨子这类又重又廉价的水果，还有她亲手做的并且引以为傲的各种咸菜。大学第二年，她偷偷在我书包里装了瓶自制的辣椒酱，结果下车的时候，书包从货架上掉下来，玻璃瓶摔碎了，辣椒酱把我从图书馆借的书全部染红。当时我立刻打电话朝她发了好大一通火：“你能不能别再让我丢人了？我不喜欢吃你做的辣椒酱！”

是她的食物让我觉得丢人，还是贫穷的家庭让我不满意，抑或是落后的家乡让我不愿提及？现在想来，青春期的我真像一把伤人的刀子，我欠她一句对不起。不过母女之间的复杂情愫，也许从来不用明说，我们看着彼此的眼睛就能相互理解。这十年间，我在家乡和城市之间往返，陪在她身边的日子屈指可数。而这一次离家，要去更远的地方，甚至不知何时是归期。

“该起床了。”我快速套好衣服，走出卧室，一边刷牙一边走到客厅窗边，窗户上蒙着一层雾气。我随手在水汽上涂抹着，外面黑漆漆的，看不见一丝光亮，玻璃被西北风吹得咣当直响。靠近窗边，寒气乘机伸出了魔爪，我冻得一哆嗦，赶紧退回去。

“天都还没亮，外面黑漆漆的。”我嘟囔着，说一些无关痛痒的闲话，试着淡化离别的伤感，我并不想掉进亲情的沼泽。

老妈还在弯着腰收拾：“你自己的东西都收拾好了吗？你到国外一定要照顾好自己，要注意安全。”

我敷衍地点点头，心想其实也不算太远的地方。但在从未出过国门的母亲心里，女儿是要出远门，而且可能好几年不回来。为了让她宽心，我不停重复道：“放心吧，我会好好照顾自己的。”

显然，这些话并没有起到任何作用。她拿起茶几上的砂糖橘，塞进鼓鼓囊囊的包里：“这个你带在车上吃。”她又拿出一袋面包，塞了进去。“苹果要吃吗？一起带上吧。”我还没来得及回答，又听她自言自语道："这个苹果不新鲜，放了好几天。唉，最近太忙了，都没时间给你买点东西。"这在我看来不过是件小事，我却听出她语气里深深的自责。

她从头到尾低着头不看我，一直在忙忙碌碌收拾着。我刚准备转身离开，她突然抬起头，低声颤抖着说："乖女儿，过来让妈妈抱抱吧。"直到这时，我才发现她的眼里早就噙满泪水。在我的记忆中，只见过她哭过一次。好多年前外婆去世那天，我看着她跪在地上，歇斯底里哭喊着："我再也没有妈妈了。"那是我第一次，也是唯一一次看到她脆弱的一面。从那以后，她再也没有在我面前哭过。我们俩表面上永远那么坚强，甚至在我出嫁那天，我们都没有哭。

"妈妈的贴心小棉袄要走了。"妈妈抱着我，拍着我的背，在我耳边喃喃自语。"一定要照顾好自己知道吗？有空多和我视频，让我知道你过得好，老妈放心不下你。"她的声音哽咽了。

那一瞬间，我的眼眶也溢满了泪水。这些年她的身体一天不如一天，而我又要离开好几年，我的内心充满了担忧。"你也要好好照顾自己，不用担心我。记得每年定时体检，我会抽时间回来的。"

我放心不下她。去年她身体不好，晕倒被送进了抢救室，一直到出院后才告诉我。她不愿让我担忧，不想给我增加负担。我急得连夜赶回老家看她，可见到她，我才发现能为她做的事情太少。我第一次懊恼自己的无能，在她生病期间，我竟然毫不知情。

那一瞬间，我体会到母女之间深深的感情羁绊，我回想起青春期的那些叛逆往事，也想起后来我们是如何和解。随着被生活不断锤打，我逐渐理解她的辛苦和不易。她为我付出太多，而我回报的太少。在她身旁我总感觉自己尚未长大，想躲在她的羽翼下撒娇。

但是我知道，她现在需要依靠我，我要更快地成熟起来，帮她分忧解难。

我们都不擅长表达爱意，我还想着用轻松的方式冲淡离别的伤感，把这次离别当成之前发生过无数次的、普普通通的分别一样。我觉得也许只要不开口，不舍的情绪就不会流露出来。

她慢慢收住了眼泪，逐渐恢复平静，我也赶紧停止哭泣。我们都知道，再哭下去情绪就会失控。我们俩都那么擅长隐藏自己的内心，甚至担心过多的情感会成为彼此的负担。

“等我们安顿下来，你就搬过来一起住。”其实我知道，这段跨国旅程对她而言几乎是不可能完成的远征。随着年纪的增长，她变得越来越胆小，去陌生的地方都需要人陪同。我想起曾经和她出门逛街，路旁冲出一只黑狗，她竟然吓得直朝我的身后躲。她慌乱地说：“年纪大了，我不太敢去陌生的地方，周围人生地不熟的。你看就像这条狗突然冒出来，如果你不在我身边，就太吓人了。”

可是没想到这一次她竟然说：“我肯定会去看你的，等你生了孩子，我还要去国外给你带娃呢！”我们都笑起来，伤感的情绪被暂时放下。我提起当年教她学英语的事，她学了大半个月，只记住了“苹果”和“香蕉”两个单词。不过看着她现在自信满满的样子，我可能低估了她的勇气。

这十年间，我们经历过无数次的离别，但离别的结局还是会重聚。虽然我越走越远，越走越久，但是我知道，我们总会在将来某一天重逢。龙应台在《目送》中提到：“我慢慢地、慢慢地了解到，所谓父女母子一场，只不过意味着，你和他的缘分就是今生今世不断地在目送他的背影渐行渐远。你站在小路的这一端，看着他逐渐消失在小路转弯的地方，而且，他用背影默默告诉你：不必追。”

我不赞同这种悲观的想法，父女母子一场，意味着我们共同乘坐生命的列车，有缘被分配到同一节车厢。我们车票上的时间是错开的，这段旅途中有人先下，有人后下，但只要还在一起，就要握紧双手，并肩同行，一起看更多的风景，创造更多美丽的回忆。

不要让空巢老人被科技抛下

我在美国的超市里购物的时候，看着眼前的自助收银机、自助称重机，忍不住感慨道：“这个超市的自动化水平真高，水果蔬菜等货品都是自助称重，只需要输入物品的代码，称重机器上就会自动显示单价。”刚开始我使用机器的时候还不怎么熟练，多试了几次，很快就掌握了。

我在机器前面排队，站在我前面的是一个满头白发的老奶奶。她的眉头微皱，眼睛半眯着，满脸疑惑地看着机器。我看到她尝试着在机器上点来点去，但是最终也没有打印出价格标签。她察觉到我站在身后排队，转过头对我露出尴尬又局促不安的笑容。

我很熟悉这种笑容，我见过太多老年人被高科技隔绝在外的时刻。商家最开始的想法也许是为了让生活便捷，但是反而给老年人带来了不便。原来，这些在我们年轻人眼里简单方便的自助机器，在老年人眼里就是完全不知道如何下手的高科技产品。

那一瞬间，我毫不犹豫地走上前去，看了看称重盘上的几个洋葱，帮她打印出价格标签。当我把那张小小的标签纸递给她的时候，她的脸上露出了感激的笑容：“谢谢你！”她连声说道。

“老吾老以及人之老，幼吾幼以及人之幼。”看到这个满头白发的老奶奶，我想到了许多人。今天的我们熟练掌握着各种高科技，下载各种软件让自己的生活更加便捷。我们不想做饭可以叫外卖，不想走路可以骑共享单车，还可以用软件叫出租车，不用在路边拦出租车。我们可以购买不限流量的套餐，随时随地看电影、视频，可以和天南海北的朋友沟通联系，手机里随时搜索全世界的信息。

但是与此同时，有许多老年人正在被科技抛下，他们的生活还维持着十年前，甚至二十年前的样子。

我想起一件小事，是关于我姨妈的。有一年冬天很冷，我在网上给她买了帽子和围巾，寄到她家里去，算是小小心意吧。但是填写地址的时候，需要留联系人的手机号，当时我就问姨妈要手机号，她却有点为难地说：“你能不能填家里的座机号？我这个老年手机只是个摆设，从来都不用的，我总是想不起来手机放在哪里了。”

“现在还有人用座机吗？”当时我的脑海里冒出了巨大的问号，我以为智能手机已经普及到全世界所有角落，没想到还有老年人不会用手机，还在使用着传统的座机。但是网络购物的平台默认所有人都用手机，座机号输入是无效的。

没办法，最后我只能留了自己的手机号。没过几天我收到短信，快递员说他把货品放在云柜里，给了我取货码。我打电话告诉姨妈，让她去家附近的云柜里取货。这样的行为在年轻人眼里是很普通常见的，但是姨妈告诉我，她不知道什么是云柜，也不知道所谓的云柜在哪里，因为她从来没有在网上买过东西。

后来我亲自联系快递员，让他送货上门，结果因为姨妈家的房子在顶楼，又没有电梯，快递员迟迟不送货，过了几天都没送，在多次交涉无果的情况下，我很生气地投诉了快递员，并且选择退货。

这件事给我留下了深刻的印象，本来我想给姨妈送点礼物，表示一下自己的孝心，但是没想到一切都不顺利。也正是通过这件事情，我才意识到，老年人的生活竟然如此不方便。那些我们已经习以为常的事情，对他们而言是如此陌生和困难。

表面上看，我们生活在同一个世界里，但实际上我们对彼此的生活都知之甚少。如果不是因为这件事情，我不会站在老年人的角度思考问题，我不会想到原来不是所有人都会用微信、淘宝、支付宝，不是所有人都会用软件网络订票。

前段时间和老妈视频聊天，她三番五次地和我说家里的网络信号太差，网络电视也看不了，和我视频聊天也非常卡顿。我问她装的是哪家的网络，还让她打电话给客服，询问到底怎么回事，或者去营业厅升级网络，但是她不愿意，因为她觉得这件事情很困难，她不知道怎么做。她总是说："算了吧，也不是什么大事，要不就等你回来再说吧。"

在我心里，我的妈妈一直是无所不能的，她的人际交往能力那么强，可是我发现一旦遇到与科技相关的事情，她就会退缩。因为面对这些新科技，有许多东西她不懂也不会，所以内心产生了抗拒。

科技在改变世界的同时，也使越来越多的老年人被抛下，特别是子女不在身边的空巢老人，或者没有子女的独身老人。有一些老年人本身的学习能力就不强，现在年纪大了，更加不会想到去学习新科技。再加上他们接触不到什么年轻人，这些日新月异的科技就更难以普及到老年人群体当中。

科技在惠及大部分人的同时，也让一部分人的生活更加不方便。科技变革的最终目的应该是惠及所有人，新科技应该方便快捷，简单易学。因此，高科技的开创者应该具有人文主义关怀，不能忽略弱势群体。那些老年人的需求也应该被看到，他们和我们一样，也应该享受高科技带来的好处。

但是这只是我心中美好的期许罢了，现状不容乐观。我发现老年人的需要正在被社会忽视。他们虽然存在着，但是更像是隐形的人类，被挤压到小小的角落里，成为微不足道的边缘人群，这就是大部分老年人的现状。

我们不能对这样的情况视而不见，因为我们每个人都会老去，他们的现在，很有可能成为我们的未来。因此，我们每一个年轻人，都应该为身边的老年人做些什么。之前网络有一篇文章被很多人转发，主要内容是大学生图解如何使用微信，他把步骤用画图的方法一一描述下来，然后用这样直白明了的方式来教会父母使用微信。

说来也真是巧，我在很久之前就教会妈妈用 QQ 软件聊天，还教会她使用拼音打字。后来我又教会她怎么上网购物，在电脑上看电影、看小说等，再后来我教会了父母使用社交软件聊天、视频通话、发朋友圈。

现在，我妈还经常看一些小视频学习做菜，而老爸更是夸张，差点成为“网瘾中年”，每天沉迷在群里发红包抢红包。看着他们玩得不亦乐乎，我也觉得挺开心的，他们也是一直渴望着接触新科技的。

不要因为他们年纪大了，就认为他们跟不上时代的潮流。我知道有很多老年人想了解新科技，但是不好意思主动去问去学，甚至手边连一部智能手机都没有。如果我们有机会、有能力的话，就想办法去教老年人一些新科技，你会看到他们很乐于学习新的东西。

希望年轻人对老年人多一些耐心，不要觉得他们已经落伍。我不希望他们现在就过上科技聋子和盲人的生活。我们每一个人都会老去，虽然我们现在可以得心应手地使用各种高科技产品，但是科技更新换代的速度是飞快的。也许在将来的某一天，你会难过地发现，自己的生活也被新科技隔绝在外，你成了曾经的那一批老年人。

所以年轻人们，如果你们有时间的话，多和父母聊聊天，给他们讲讲现在的流行趋势，也教教他们怎么使用智能产品吧。

第三章

“老司机”带你笑傲职场

职场前三年，拒绝“职场抑郁症”

又一次躲在公司的卫生间里偷偷哭泣，我不敢发出声音，也不敢告诉任何人。如果告诉同事，只会遭到嘲笑。我又不愿意告诉父母，怕他们担心。如果告诉朋友，只怕他们也不能理解。我只能拿出手机，给男朋友发了一条消息：“今天又被领导骂了。”很长时间都没有收到回复，我已经在他面前抱怨过上百次，估计他也有点厌烦。

这种情况在我工作的前两年里发生过无数次。刚刚走出象牙塔的我，如同一张白纸，直接被扔进了社会的大染缸。我的阅历很浅薄，对于职场中的人情世故、办公室潜规则一无所知。所以，在不明不白的情况下，我得罪了自己的顶头上司。

从小到大，我都属于亲戚们口中的“别人家的孩子”。在学生时代，父母对我唯一的要求就是好好学习。“两耳不闻窗外事，一心只读圣贤书”就是我日常生活的真实写照。我的成绩优异，这让他们感到骄傲。老师和同学们对我也很好，我在一片赞扬声中长大。后来我成功考取名牌大学，顺利毕业，并找到一份体面的工作。

我认为接下来会一切顺利时，生活直接给我安排了一系列暴击。当时我觉得难以接受，甚至得了“职场抑郁症”。当然，“职场抑郁症”并不是严格意义上的抑郁症，而是一种身处职场的苦闷焦虑的心情。我每天都在心惊胆战中度过，工作时战战兢兢、如履薄冰，生怕哪里又做错，被领导批评。

她曾经多次当众批评我，而且完全对人不对事，这种辱骂是我从来没有体验过的。她从我工作中犯的小小错误衍生出我的人品有问题，再对我进行全方位的打击。刚开始我不知所措，本能地为自己辩解几句。她就会尖声叫喊道：“领导骂你是为你好，你还敢顶嘴？”我吓得赶紧沉默不语，她继续批评，看我没有反应，又会说：“我说的话，你有没有放在心上？不要装傻充愣！”我陷入了两难的矛盾境地，左也不是，右也不是。

当时眼泪就在眼眶里打转，我用牙齿咬住下嘴唇，心里暗暗提醒自己不要哭，但是眼泪真的会决堤，它毫不留情地坠落，丝毫不顾及主人的面子。领导看我哭了，内心似乎获得某种满足，像观看动物园的猴子一样看着我。是啊，在无聊烦闷的职场中，看一个新人哭泣，是件多么新奇的事儿。同事们都停下手里的工作，默默围观一出好戏。

除了领导让我崩溃外，无法达标的高业绩指标，难以沟通的甲方领导，不好管理的基层员工，这些都让我焦头烂额，夜里失眠，头发大把脱落。当时我觉得特别痛苦，现在看来，那些经历不过是我人生迟到的挫折教育罢了。

我从职场中学到的最重要的一课，就是我们到底应该如何面对挫折。

工作和学习不是一回事，也许你很擅长学习，但你不一定擅长工作。据我了解，许多年轻人在刚开始工作的前三年里，都会感觉不知所措，感到焦虑抑郁，这些都是正常的。除了环境发生剧烈变化外，我们还要完成从学生到社会人的转变，这本来就不是一件简单的事情。在工作前两年遇到的挫折，多于我前二十年生活中经历的挫折的总和。

为了缓解内心的苦闷，我阅读了许多书，从书籍中寻找答案。我也向朋友和同事们请教学习。我确实找到了一些方法，帮助我走出阴霾，坦然面对挫折。

对待挫折，我们需要一点“钝感力”

“钝感力”是日本作家渡边淳一提出的新概念，有点像中国“大智若愚”的概念。他指出：“所谓‘钝感力’，即‘迟钝之力’，亦即从容面对生活中的挫折伤痛，而不要过分敏感。钝感力就是人生的润滑剂、沉重现实的千斤顶。”

每个人的性格不同，有些人天生就比较敏感，因此面对他人批评时感觉异常痛苦，觉得颜面尽失，陷入郁郁寡欢中。而有些人可以很快忘却烦恼，每天都能重新来过。我属于比较敏感，自尊心又比较强的人。

某次我看到某个同事被批评，没过多久他又春风满面地有说有笑，于是我就私下问他如何做到的。他笑着告诉我：“我从小到大都是差生，被老师家长批评过无数次了。我早就是左耳进右耳出，你也不用把这些批评放在心上。”他的话对我有很大的启发，原来许多人在学生时代就遭受许多挫折，并且想办法克服，而我一直延迟到职场上才遇到。

面对挫折，我不应该那么敏感，应刻意培养自己的钝感力，不要为了小事动摇，才能发挥自己真正的才能。渐渐地，面对领导的批评和同事的目光，我开始能够淡然处之。

❧ 保持空杯心态，从零开始学习

新员工需要持有“空杯心态”，接受自己一无所知的事实，并且从零开始学习。首先要忘掉自己在学校里取得的所有成绩，把自己当成一个社会人，去接受社会的评判。

社会比学校复杂得多。上学的时候，每道题都有标准答案，我只需把答案填上即可。可是工作之后，我发现许多问题没有唯一答案，事情不是对错分明、非黑即白的。工作经验丰富的人，知道应该如何处理这些问题，而我常常感到一头雾水。

在大多数情况下，领导同事并不会主动教你，所以，你要厚着脸皮多多请教。此外，自学能力也非常重要，许多工作技能可以自学。

工作前两年，犯点错误、吃点苦没什么问题，痛苦可以帮助人更快速地成长。在这两年的时间里，我很快成熟起来。社会消除了我身上的幼稚和孩子气，但我也尽量保留了自己的天真和想象力。

我们了解职场的规则之后，就可以坦然面对许多问题，并且会发现，世界上的事情都是熟能生巧。

❧ 不要害怕失败，失败乃生活之常态

曾经我很害怕失败，不知该如何应对它。上大学的时候，室友邀请我一起去参加校演讲比赛。当时我就预想到演讲失败的场景，于是立刻拒绝。当然，我不敢承认说因为害怕失败，而是找了其他的借口。室友只好独自参加，她并没有获奖。听到结果后，她不顾一切当众哭了起来。我嘴上不断安慰着她，心里却在暗中庆幸，还好自己没有参加，不用经历这些失败。我常常想起那个胆小怯懦的自己，还有和我形成鲜明对比的室友。她很快就擦干眼泪说："无论输赢如何，都是一种经历吧。"

工作之后，失败无法阻挡地扑面而来，我无处可逃，只能面对。当我还在痛苦挣扎的时候，室友却在工作单位混得风生水起。每一次和她见面，我都是不断吐槽工作，而她却从工作中获得了满满的成就感。

当时她已经晋升为部门领导，但是还经常和业务员一起去跑业务，我问她："你应该会遭到很多白眼和拒绝吧，这种事情我可做不来。"

她一脸淡定地回答："拒绝？我早就习惯了，失败就是生活的常态。而且无论如何，我管理的部门，业绩永远都是第一名！"原来，这才是面对失败该有的态度。虽然屡战屡败，但是更要屡败屡战！

在工作第二年的年终大会上，领导和同事们之间相互表达感谢之情。虽然我已经转岗，但是我依然当众感谢那位曾把我骂得狗血喷头的前领导。所有人都很惊讶，她也有点不敢相信。我想说，人生的挫折来得早点也挺好，她的出现告诉我生活不可能一帆风顺。

现在我已经工作接近六年的时间，早就成了新员工口中的前辈，也被提拔成部门领导。我不会用她那样的方法去对待下属，但是我也清楚，挫折教育必不可少。

前段时间，因为工作关系，我和中科院的院士共进晚餐。他年近花甲，对着一桌子的“90 后”传授人生经验，他说：“你们年轻人取得小小成绩，不要骄傲，这不容易做到。但是更困难的是遇到挫折不要退缩，要有百折不挠的精神。”

也许曾经的我不能理解，这算哪门子的人生经验，这不是老生常谈吗？现在我却能领悟这段话中的深意。无论你是刚参加工作的新员工，还是努力学习的学生，或者是教育孩子的家长，都要明白一点：学会如何应对挫折，是人生的重要课题。

如何面对同事在背后的负面评价

上班这件事情，其实工作内容不一定会让人感到特别疲惫不堪，但是职场中复杂的人际关系，经常让人感到烦躁。只要是有人存在的地方，就不可避免会产生人际互动，而在职场中，人与人之间的关系因为竞争、利益、斗争等因素，显得尤为特殊，而它的特殊性导致职场中的人际关系更加错综复杂。

刚工作的时候，我意识到自己把职场想象得太简单，面对复杂的人际关系感到手足无措，甚至觉得匪夷所思，后来我也逐渐适应了。

只要是有人出现的地方，就免不了聊天。一旦聊天，更是离不开对别人评头论足。在我经历的诸多谈天中，听到别人聊起的小道消息数不胜数。有时候，无论你想不想知道，也总会有“热心人”跑来告诉你。

甚至同一个消息，从不同的人口中讲出来的版本，也是千差万别的。办公室里没有秘密，总是有人愿意把知道的内容毫无保留地分享出来，特别是一些不好听的话，更是要第一时间告知你。

虽然我早就对人性有所洞察，但是当我亲耳听到关于自己的负面评价的时候，还是有一种被冤枉的感觉。我的内心翻涌起一阵难以描述的愤怒，双手开始颤抖，脸颊也因为激动而变红，甚至连说话的音量都不由自主地提高。虽然我在内心深处告诉自己，不要把这些流言蜚语当回事，但身体反应却是无法控制的。仅仅是别人的一句负面评价，就让我陷入了一种非理性的状态。

哲学家罗素早就说过："非理性最常见的形式之一是，几乎人人都有一种对待恶意时使用流言蜚语的态度。很少有人不说一些相识的人的闲话，乃至一些朋友的闲话，但是一旦人们听到任何对自己不满的话时，便会义愤填膺、怒不可遏。似乎他们从未想过，人家会在背后议论自己，正像他们自己也总在背后议论人家一样。"

俗话说："谁人背后不说人，谁人背后不被说。"虽然这个道理人人都懂，但是想要保持一颗淡定的心去面对，还是非常困难的。大部分人对待负面评价的第一反应一定是愤怒。

如果这个评价是不符合实际情况的，那么它属于谣言，因此会让当事人生气。如果这个评价是真实的，又会让当事人难堪，因为谁也不愿意自己的短处被人揭穿。

我没有伟大的哲学家那么睿智，因此遇到这种事情，情绪还是在第一时间受到影响，无法保持淡定。不过面对自己的情绪波动，我一般会去思考，然后开导自己。

其实我们可以稍微分析一下人类的简单心理，我们必须承认人人都喜欢听好话。渴望被他人喜欢是人类的本性，而听到负面评价的时候会感到不开心。因为他人的评价往往与自己的名声和荣誉相挂钩。一个人只要是生活在社会中，是群体中的一员，都会希望被别人视为人类社会中一个有用的成员，并由此有资格去分享社会带来的好处。

说到底，我们应该清楚一点，想获得别人的好评，本身也是利益驱动的，所以是社会生活决定了我们需要别人的评价。假设一种极端情况，如果你隐居山林，独自生活的话，别人的任何评价都无关紧要。你只要“一人吃饱，全家不饿”就行。

如果说想获得好评是人的本性的话，那么人性中恰恰还有一个与之矛盾的方面：我们对自己的评价往往是美化过的，而对他人的评价多半是刻薄的。正如哲学家叔本华所说：“从我们的自身经历就可以知道，一旦一个人不必惧怕别人，或者当一个人相信自己说的话不会传到被议论的对象的耳朵时，他就会不时地以轻蔑的方式议论别人。只要我们听一听一帮蠢人是如何带着轻蔑的口吻议论最卓越、伟大的人物，我们就更加不会对他人的看法耿耿于怀了。”

其实这也是很正常的现象，因为当我们看待自己的时候，态度是宽容和友爱的，就像加了一层唯美的滤镜，所有的缺点都被过滤掉，只能看到自己身上数不胜数的优点。但是旁人来看待你的时候，角度和态度就完全不同。恰恰是因为对人性的了解，我知道背后说人好话的人极少，只有那种品性优良的人才能做到。大部分人评价别人的时候，都是说一些比较负面的言论。

罗素在《幸福之路》里提到：“我们希望所有的他人都像我们对待自己一样，对我们抱着温和的爱和深深的尊重。我们没有想过，不能期望他人对我们的评价，比我们对他人的评价更高；而我们之所以想不到一点是因为，我们总觉得自己的优点伟大而显著，而别人的优点，如果真有的话，也只有非常宽厚的人才能发现。”

一旦了解实际情况，我们就可以去正确面对负面评价。首先，我们要面对现实，人人都会在背后议论别人，同时也会被别人议论。我们需要自我反思，既然我讨厌被人说坏话，那么我评价别人时，是否也很刻薄呢？孔子曰：“己所不欲，勿施于人。”既然我讨厌这种行为，那么我也绝对不要做同样的事情。要知道，哪怕说了别人九十九次好话，只是无意间说过一次坏话，别人也只能记住这负面的评价。因此，应该尽量少在背后议论他人，静坐常思己过，闲谈莫论人非。

其次，我们应该细致考虑别人的负面评价，并且恰如其分地评估它的真正价值，判断这个评价是否属实。如果它是谣言，那么我们不应该把精力放在这些谣言上。如果它是真实的，那么毫无疑问，被别人指出缺点确实会让人愤怒。虽然是事实，但是被别人发现后再指出，总是感觉有些丢脸。这种情况我也会反思，人无完人，每个人都有缺点，即使你觉得自己已经面面俱到，有时候行为上也还是会有偏颇的地方。对此我们只能有则改之，无则加勉。

最后，依然是处理情绪问题，许多问题归根结底还是情绪问题。面对同样一件事情，心态不同，情绪也是不一样的。当我内心翻涌起不开心、愤怒的时候，整个人就被负面情绪俘获了。如果我保持理智，稍微思考一下，就会发现，其实这些负面评价对我的生活本身并未造成任何影响，仅仅是我的情绪被影响了。仅仅因为别人的三言两语，我就陷入苦恼的海洋中无法自拔。

如果被他人的评价束缚，那么人们就只能成为他人看法和意见的奴隶："使一个渴求赞语的人闷闷不乐或者兴高采烈的话语，却是多么的无足轻重！"正确评估自己的价值，理智地看待别人对自己的看法，对我们的幸福大有裨益。

如果这些评价对生活没什么影响，也没有让工作变得困难，那么就不要把精力放在这些格局小的事情上，让自己纠结其中，浪费宝贵的时间。

每个人的幸福都掌握在自己手里，并不是依靠别人评价的。别人的评价属于别人的事情，只有我们自己的反应是可以自己控制的。害怕负面评价，主要还是害怕被别人讨厌。希望我们每一个人都能理智看待别人的负面评价，看透它是如此常见而无用，杀伤力也是不堪一击。当我们拒绝成为别人评价的奴隶，选择合适的方式去面对它，处理好自己的情绪时，一切负面评价都会在你眼前烟消云散。

克服社交恐惧症不是梦

认识我的人很难相信我有社交恐惧症，因为我看上去能说会道，活泼开朗。但实际上，我的社交恐惧症曾经很严重，而且主要集中在“公开发言恐惧”。

我特别害怕在公众场合发言，只要现场听众大于五名，又是比较正式的场合，我就会特别紧张。比如，新班级开学的自我介绍、演讲比赛、工作会议上的成果汇报甚至公司早会表演节目等工作和生活中经常遇到的事情，都给我带来巨大的困扰。

这种恐惧不仅仅是心理上的，在身体上也会有具体明显的体现。比如，发言的时候，我的身体会无法控制地发抖、口干舌燥、肚子痛，浑身上下都很难受。每次我硬着头皮讲解的时候，从来不敢看观众，眼神四处漂移，装作淡定的样子，其实手一直在微微颤抖。

面对困扰我多年的社交恐惧症，我一直选择以逃避的方式来应对。我还记得大学毕业找工作那段时间，让我非常痛苦。因为不敢去面试，所以我给自己找各种理由，比如这个公司不行、工资太低、距离太远，或者身体不舒服等。其实主要原因是我害怕面试，面试需要我当众发言，而这件事情让我恐惧。

害怕公开演讲是常见的恐惧之一，很多时候，这种恐惧甚至比对死亡的恐惧还更甚。很多人都被这个问题困扰着，包括一些明星、演员、著名学者，都存在同样的困扰。我们来看一段英国著名哲学家罗素的话："一生中我做过多次演讲，开始时，每一位听众都使我恐惧万分，我神经是如此紧张，以至于讲得极不成功。我非常害怕这种情景，以至于常常在演讲之前恨不得自己的腿被跌断。演讲结束后，往往因过度紧张而感到筋疲力尽。后来，我渐渐地教会了自己，不管说得成功与否，都没什么大的关系，事情无论怎样糟糕，地球依然在运转。"

造成社交恐惧症的原因有许多，有些人可能是因为性格内向害羞，所以不擅长公开发言。还有一种原因是害怕一群人类目光的凝视，其实这是人类的本能，这是一种惧怕被审判的恐惧。不过我觉得重要原因是自卑，自卑的人不仅仅无法面对外人眼光的审视，最重要的是无法面对"自己的审视"。青春期的时候，我因为种种原因产生了自卑心理。自卑的人对自己是不满意的，也就不敢站出来表达自己的观点。我特别羡慕那些能在公众场合侃侃而谈的人，他们能够自由地表达自己的思想和灵魂，浑身上下散发着自信的光芒。

如果你也有同样的问题，你可能会问我："天哪，既然公众场合发言这么困难，那是不是永远都无法克服呢？是不是我一辈子都要被这件事情困扰呢？"我的答案非常坚定："不是的。克服社交恐惧症不是梦，任何恐惧症都是类似的，都是我们自己内心虚构出来的，所以克服它的方法就是直面恐惧。”

接下来，我就分享一下如何一步一步克服公开讲话恐惧症。这个过程非常漫长，绝对不是一蹴而就的。但是一旦你克服了恐惧，你就会发现生活一下子轻松了许多。

首先是通过公开场合表演来进行心理脱敏。任何让你感到恐惧的事情，如果你硬着头皮强迫自己一遍又一遍地做，你都会渐渐感到麻木，最后连恐惧的感觉也逐渐消失，这也就是脱敏的过程。当年刚入职，公司的入职培训就是分小组表演节目。虽然我入职的是时装公司，入职培训却是沉迷跳操、喊口号、表演舞台剧。当时我痛苦万分，因为只要被观众的目光盯着，我就会感到不舒服。但是这样高频率的刺激让我逐渐麻木了。

短短一个月的入职培训，为我克服公开场合发言恐惧症奠定了良好的基础。至少我表面上可以掩饰得很好，看上去不那么紧张。

本来故事发展到这里，一切就应该结束了，但是生活总是特别神奇，公司竟然安排我当培训讲师！当我听到这个消息时，第一反应是吓坏了，觉得自己完全不行。虽然外人看不出我有社交恐惧症，但是我自己心里是一清二楚，公开场合说话都害怕，怎么可能给那么多人培训呢？这会要了我的命吧。

后来我转念一想，既然这件事情一直困扰着我，不如我再次尝试一下，也许就可以突破内心的恐惧，真正摆脱出来呢？最终我下定决心，要好好抓住机会，突破自我。

下面我就分享点干货，这些干货都是我血泪史的总结，绝对是亲身经历，还算有用，供大家参考。

❧ 第一步：利用逐字稿

一个刚刚开始练习公开发言的人，可以多多尝试逐字稿。逐字稿就是把你要讲的每一句话都一字不漏地写下来，甚至包括开头的“大家好，我是某某”这种打招呼的话，全部要写下来，一定要写得越详细越好。这才是第一步，但是它可以给你一点安全感。你可以把稿子放在讲台上，如果紧张就看下稿子。

说句实话，我的第一节课，全程都没有抬头，从头到尾低头读稿子。当时我觉得自己太烂了，竟然不敢抬头看观众。后来我发现，虽然我读了稿子，但是并没有人嘲笑或者责怪我，因为这件事情本来就不容易。慢慢来，后面会越来越好。

❧ 第二步：不断练习

熟能生巧一点儿不假，只有不断练习，你才能熟悉自己的稿子，才能做到心中有数。俗话说，“不打无准备之战”，拿着稿子，找个没人的地方，不断地读，大声地读。我一般是拿着稿子，一遍又一遍地朗读。一定要记得，当你准备充分的时候，你的紧张感会大大缓解。十遍二十遍都不嫌多，最好可以脱稿，不要总是依赖稿子。

❧ 第三步：熟悉自己的声音和肢体语言

很多人听到自己的声音就会很害羞，觉得挺不好意思的。为了克服这种心理，在练习的时候，可以用手机进行全程录像，把所有的过程录下来。刚开始我看到视频里的自己，觉得不忍直视，太尴尬了。通过录音和录像，你会直面自己，不断纠正自己的错误，确认自己的表情管理是否到位、肢体动作是否合适、声音的抑扬顿挫是否合适。

❧ 第四步：模仿

看一些经典的视频进行模仿，看别人怎么说、怎么做，你可以加以借鉴。其实公开场合发言都是有套路的，比如如何进行自我介绍，如何讲小故事暖场，如何互动，如何提问和回答问题等。这些套路多看几遍，确保自己心里有数。如果遇到类似的情况，使用一下套路即可。

❧ 第五步：实地彩排

演员在表演节目之前都会彩排一遍，我们演讲或者讲课也可以提前彩排。彩排的时候，可以邀请几个关系比较好的同事当观众，让他们提些温和的建议和意见。在彩排的过程中，熟悉如何上台、如何拿话筒、如何鞠躬等基本细节。此外，还可以熟悉周围的环境，也熟悉机器设备，确保一切都能正常运转，这样可以大大缓解心中的紧张感。

❧ 第六步：外貌武装

其实很多时候，我们害怕别人的目光凝视，主要是对自己的外貌不自信，内心存在很大的焦虑。针对这一条，我建议是从头到尾武装起来，可以穿自己衣橱里最好的、最有质感的衣服。女生可以化妆，穿上高跟鞋，增加气场。男生可以理发，剪指甲，如果有需要可以喷些香水。我敢保证，每个人打扮起来都会容光焕发，至少你会对自己的外貌自信很多。

❧ 第七步：最重要的就是心理暗示

首先你要清楚每个人公开发言都会紧张，其次我建议可以把“我好紧张”这句话换成“我有点激动，有点兴奋”。大家想想，发言前紧张的感觉，和坐过山车之前的感受是不是很像？你可以不断暗示自己：“我可以，我能行。”相信自己，相信熟能生巧，所有人都可以克服公开发言恐惧症。无论是你自己强迫自己，还是被生活和工作强迫着，当你跨出那一步，人生真的会改变很多。

恐惧毫无意义，许多恐惧都源自你的想象，也许它根本就不存在。最后我和大家分享一个小故事，在科幻电影《重返地球》中，有一群外星生物入侵，四处残杀人类。它们外表可怕，身强体壮，唯一的弱点就是眼盲，什么都看不见，但是它们可以嗅到人类内心恐惧的味道，只要你害怕它们，就永远无法逃脱它们的魔爪。那么，应该如何摆脱这个困境呢？唯一的方法是直面它，一旦你不再恐惧，它就拿你毫无办法。社交恐惧症就像这些吞食人类的外星生物，看上去可怕，实际上不堪一击。

曾经我以为自己永远不可能在公众的目光下侃侃而谈，但是现在我做到了。这个过程可以复制，没有什么特别之处。只要你愿意尝试，每个人都行。其实和社交恐惧症一样，生活中还有层出不穷的恐惧，都可以用同样的方法去应对，直面恐惧，战胜恐惧！

职场老油条给新人的一点建议

职场和任何地方都一样，只要有人的地方，就会产生人际关系。职场中的关系还要更加复杂一点，因为人与人之间还存在利益纠葛、等级之分、权力的游戏。

新入职的员工，往往处于职场中人际关系的底层。很多刚入职的新员工很单纯，因为不懂职场潜规则，可能得罪了别人而不自知，严重点甚至还会遭受职场霸凌。

我也是这样一步一步走过来的，从一个被欺负的职场新人，转变成职场的“老司机”，我是如何做到的呢？当然是经过一番摸爬滚打之后，总结出经验教训。这是一个从内到外彻底改变的过程，从思想观念、行动上，全部进行调整，目的就是更加适应职场环境。

首先，我们必须面对一个无法回避的现象，即那些外表看上去柔弱的人，很容易成为职场霸凌的对象。

虽然职场上常常存在欺负新人的现象，但是并非所有新人都会被欺负。那么，什么样的人容易被欺负呢？就是那种看起来就很好说话的人。

这类人有一些共同的特点，一般外表普通、不修边幅，整个人的气场很弱，而且没什么自信。这样的人往往自我边界不明确，遇到问题会不断退让，容易被欺负。

其次，没有背景、家庭条件比较一般的新人，也容易被欺负。职场环境就是如此残酷，有时会遇到非常势利的人。

给职场新人的对策：

一是找到适合自己的着装风格。刚毕业的时候，我一心想打扮得成熟点，希望别人觉得我很靠谱。整天穿着不合适的黑色西装和高跟鞋，结果不仅没有显得成熟，反而朝着老气的方向走去，效果适得其反。我建议职场员工找到适合自己的着装风格，不用一味追求成熟。

当你阅历浅的时候，无论穿多么成熟的衣服，行为举止依然稚嫩。所以，没有必要穿和年龄气质不匹配的衣服，但是这并不意味着可以穿着随意。最好的方法是选择适合自己的衣服，找到属于自己的风格，再参考公司的着装要求打造自己。

二是学会化妆。化妆学起来其实很简单，只要你愿意花一点点时间去学习，很快就能掌握基本的方法。为什么我建议职场女孩学会化妆，因为它有时候会成为一种保护色。

举个简单的例子：《甄嬛传》中孙俪饰演的角色，只不过是换个眼妆，化个上扬的眼线，再加上暗黑系的口红色号，整个人的气场瞬间变得完全不同。有时间和精力维持美丽外貌的女人，一定是有两把刷子的，一般人不敢欺负。如果想偷懒，没那么多时间，那就只画眉毛和口红，这两样可以让你看起来精神抖擞，不太好惹。

三是个人信息、家庭背景不用如实告知。职场新员工最容易犯的错误就是交浅言深，不会打太极拳。有时候私人信息不用如实告知，当然你也不用说谎，只是不用说得那么详细。

举个例子，职场上会有人问你："你父母都是做什么工作的？"比如，我老爸是开店的，我会说爸爸是老板，经营自己的商铺，其他内容一概不提。我说了部分事实，而没有必要老老实实说："哎呀，我老爸的店铺生意不好，也赚不到什么钱，家里条件很普通……"

在职场说话不用知无不言，言无不尽，有些时候一些无关紧要的细节就不用说了。特别是职场新人，因为不懂这一条潜规则，往往把所有信息一股脑儿都倒出来了。

❧ 职场小白求生指南：和领导搞好关系，有利无害

刚工作的时候，我有一个错误观念，认为和领导关系好的人，就是会拍马屁、趋炎附势、没有底线，而我发誓不做这样的人。结果我就走入了另外一个极端，和领导关系很差，和同事们抱团抵抗领导。结果可想而知，这样做肯定是没有什么好果子吃的。

实际上，任何良好的关系都是有益的，无论是和同事、领导、朋友，还是亲人，我们都可以拥有良好的关系。如果你和领导的关系很差，你的职场生涯将会很艰难。本来工作就占据了生活的三分之一，如果领导不喜欢你，经常给你安排一些无法完成的任务，你就会明白上班心情比上坟还沉重是一种什么样的滋味。而且同事之间，从来不存在真正的抱团，大家都是来工作的，趋利避害

的法则都牢记在心。

如何和领导搞好关系呢

首先，你要端正态度，尊重领导。一般职场上能当领导的人，都是有过人之处的。你可能会说："他没有什么本事，就是会察言观色，会投其所好，会搞关系，所以我瞧不起他。"实际上人的能力是多方面的，也可以分为硬实力和软实力。也许有些领导的硬实力不行，但是他们的软实力比较强。所以要从心理上认可领导，减少抵触情绪，平时言语上也以尊重为主。

其次，不和领导当众发生冲突或者争执。遇到矛盾，选择私下沟通，给足领导面子。有些刚毕业的大学生，有时候会控制不住自己的情绪，冲动之下与领导发生冲突，甚至当众让领导难堪。其实没有必要为了工作和领导撕破脸皮。你要时刻提醒自己，这是一份工作，不要投入太多个人情感。

脸皮厚一点，被批评也不要放在心上。如果当众挨了批评如何应对？脸皮要厚。当年我刚入职，领导时不时批评我，而我自尊心太强，屡次被骂哭。而我越是爱哭，别人就越爱欺负我。

我给脸皮薄的职场小白的建议是学着脸皮厚一点，不要把批评放在心上。但是面子工程还是需要的，领导批评你，你就低头认错，态度看上去一定要端正，表面上不要流露出无所谓的神色。对待批评的态度是有则改之，无则加勉。有时候领导批评你，并不是因为你真做错了什么，他可能仅仅想利用你来树立权威。

当然也有部分人是奇葩，他们仅仅想体会使用权力的快感，满足自己的虚荣心。面对这种现象，我们看透不说透。当你心态足够好，脸皮足够厚的时候，骂你就没意思，因为他们知道你不吃这一套。他们会转移目标，继续寻找那些更好欺负的人。

❧ 如何说话是一门学问：沉默是金

职场如何说话是一门大学问，我的黄金法则就是四个字：沉默是金。什么心直口快、有话直说之类，在职场绝对不是一件好事，甚至还可能给自己带来不必要的麻烦，对此我们必须时刻警惕。

言多必失，说话之前好好思考下，这个话是不是非说不可？这个话是不是可以和这个人说？是不是准备让所有人都知道？如果不想的话，那就不要说。我建议在职场尽量不聊自己家里的私事、别人的私事，特别是上司家里的私事，可以聊一些事不关己的内容，比如新闻、娱乐八卦、电视剧和电影等，这些话题都是聊天中的万金油。

不要说别人的坏话。一句话只要说出去，就永远都收不回来，而且所有人都会知道。一句坏话不仅仅会得罪当事人，还可能得罪一群人。因为公司里有很多小团体，每个人都有属于自己的团体。你得罪其中一个人，可能无意间就得罪了一群人。

还有一点很重要，不要在微信上说别人的坏话，这是可以截图作为证据的。你永远都想不到自己随口说的一句话，会被人截图到处传播，所以在职场也要谨言慎行。

不抱怨。对工作不满意、嫌工资太低、觉得领导太“傻 ×”，这些抱怨都不要说出来。因为抱怨一点用都没有，还会给人留下不好的印象。如果你真不满意，可以花点时间想办法去改变现状，而不是一味抱怨。

❧ 下班以后的时间，一定要充分利用

下班以后的时间，才是真正属于你自己的时间。你是否会高效利用下班后的时间呢？其实我知道，很多人从事的工作不是自己喜欢的，只是一份谋生的手段而已，所以上班的时候没有激情，觉得无聊、浪费时间，整天一无所获。面对这种情况，下班之后的时间就更加不能虚度，否则就完完全全沦为混日子。

拒绝洗脑，拒绝把公司当成自己的第二个家。这种洗脑的观点，曾经我也相信过，现在觉得自己傻透了。你和公司，永远不可能成为家和家人的关系，除非这家公司是你自己开的。

拒绝无意义的加班。无意义的加班是一种压榨。如果公司环境是这样的话，你可以看看有没有其他出路，考虑换一家公司。

我们和工作的关系不是永久不变的，换工作很正常，对年轻人而言更是常见，不过跳槽也最好慎重考虑。我们可以把工作看成一段缘分，如果这段缘分很不错，那就一直维持。如果你对它不满意，而且眼前还出现了更好的机会，那么不用白头偕老，毫不犹豫切断它，去拥抱更好的缘分。如果缘分未尽，彼此还没分手的时候，那还是认真干活吧。

职场中的情况说复杂也复杂，说简单其实也简单。刚开始工作的小白们，千万不要对职场抱有不切实际的幻想。我们应该看清楚职场的真面目，职场中的关系是复杂的、多变的，但是只要你用正确的方法去应对，也就不算什么难事了。

非暴力沟通：改变你的表达方式

你觉得自己的沟通能力怎么样？或者说你觉得自己擅长表达吗？如果在人际交往中迟迟不开窍的话，也许父母还会一直容忍我们，但是其他方面的关系可能很难维系。

无论在哪一种人际关系中，我们都需要去表达自己的感受，去诉说自己的需求。因为我们有渴望，所以我们需要表达。但是如果用“别扭”的方式来表达，对方不仅不能理解你的真实想法，还有可能造成误解，因此正确的沟通方式很重要。擅长沟通的人可以让自己和身边的人都感到舒服，而经常使用语言暴力的人，只会把身边的人越推越远。

凡是遭受过语言暴力的人，都会明白这是件多么让人痛苦的事情。语言暴力的伤害程度超出想象，我们说出去的话如同泼出去的水，是不能收回的。那么，带有暴力的话，就如同在别人的心上狠狠地刺了一刀。也许时间久了，伤口最终会愈合，但是那份受伤的心情却永远都不会被忘记，所以语言的暴力胜过武力的暴击。

很多人根本没有意识到自己的表达方式存在问题，正如《非暴力沟通》中所说："我认识到语言及表达方式的巨大影响，也许我们并不认为自己的谈话方式是'暴力'的，但我们的语言确实常常引发自己和他人的痛苦。"

因此，我觉得每一个人都应该学习非暴力沟通，学习如何用好的方式去表达自己。

非暴力沟通包括四个要素：观察、感受、需要、请求。

当我们和对方沟通的时候，一般从这四个要素入手：什么是我的观察？我的感受如何？哪些需要（或价值、愿望等）产生这样的感受？为了改善生活，我的请求是什么？

用生活中常见的争吵举个例子，比如我的老公喜欢把脏衣服随手扔在沙发上，那么我的观察就是他把脏衣服放在沙发上。看到这个情况之后，那一瞬间我的感受是有点不开心，因为我不喜欢他把衣服随便乱扔，这样会让客厅显得很凌乱。所以，我的需要是保持家庭整洁，我的请求是他能够把衣服放在脏衣篮里。

这么一件看起来鸡毛蒜皮的小事，如果用暴力沟通的方式，可以引发一场争吵。我会说："你看看你，怎么又把脏衣服放在沙发上？我告诉你多少次要把衣服放在脏衣篮里，你怎么就这么懒呢？你是不是觉得我还不够忙？家里整天乱糟糟的，我收拾起来不累吗？看着就烦躁！"

老公肯定也不甘示弱："又不是什么大事，随手放一下就被你唠叨，你要是不想收拾就别收拾，反正我也不在乎。"最后两个人互不相让，越吵越凶。

非暴力沟通是什么样的呢？我们可以参考四个沟通要素："老公，我看到你把裤子放在沙发上，这样做确实比较顺手，但是家里的沙发会显得凌乱。我想我们应该一起保持家里的整洁，这样沙发上也干净，坐着也舒服。你看我把脏衣篮放在卧室门口，你多走几步路，把脏衣服脱在脏衣篮里可以吗？"

当然，用这种非暴力的沟通方式，不能确保对方一定会听你的话，但是至少可以保证你能够清晰地表达自己的想法和需求，而且你们之间不会吵架。

那么，在暴力沟通的例子中，我和老公吵架的原因到底是什么呢？为什么一件小小的事情会让两个人互不相让呢？这里我的问题就在于混淆了观察和评论，也没能分清感受和想法。

❧ 区分什么是观察，什么是评论

非暴力沟通的第一要素就是观察，不带评论的观察是人类智力的最高形式。我们观察正在发生的事情，但不要和评论混为一谈。举个例子，我早上到达办公室，看到一位同事正趴在桌子上睡觉。你看到同事在睡觉，这就是观察，你所见的内容如果客观描述的话，就是："一位同事早上在办公室睡觉。"然而你的评论是："天哪，我的同事可真懒，一大早来了就趴在办公桌上睡觉。"

这样的评论实际上是非常片面的，为什么这么说？因为你不了解他睡觉背后的原因，也许这位同事的孩子昨天夜里发烧，所以他通宵没有睡觉；又或者他身体不舒服，但是还坚持来上班；如果是这种情况，你还能说他懒惰吗？

同样的道理，当我看到丈夫把脏衣服脱在沙发上，我内心的想法是这个男人真懒。这其实就不再是单纯的观察，而变成了一种评论，我对他的行为不自觉地进行了评论。

我们举一个职场中常见的现象来进一步区分观察和评论的区别。

A：观察

在一次会议上，领导让所有人都发言了，却没有让我发言。

B：评论

今天开会时，领导让所有人都发言了，唯独没有让我发言，他太偏心了，我觉得他肯定对我有意见。

这就是观察和评论的区别。面对同样一件事情，一旦观察和评论混淆，你看待问题的角度就会发生变化。领导在会议上没有让你发言，原因可能有很多，也许是因为他一时疏忽遗漏掉你，或者说他已经知道你的想法等。你却直接评论他偏心，这就是主观评论，而不是客观的观察。

其实我们在说话的过程中，经常会混淆观察和评论，因为人们会习惯性地对看到的事情发表评论。假如你的同事丢了一把伞在办公室里，让你陪她回去拿，你可能会不耐烦地说上一句："你这个人就是喜欢丢三落四的。"丢三落四这个词就属于你的主观评论，它并不是观察。

在许多情况下，太多的主观评论往往让人感到不舒服，就好像说话时多出的一个小尾巴，多此一举。比如，你同事的手机被偷，你可能想安慰他，却说："哎呀，你可真倒霉啊，手机又被偷了。"其实你不要评论别人倒霉，而应说手机失窃是常见现象，每个人都有概率遇到，下次注意就行。

如果有一位同事晋升，你不要评论说："她的能力一般，还能晋升？我觉得就是因为她会拍马屁，领导才会喜欢她。”这种主观评论是毫无依据的，这样的小尾巴往往会让人感到难受，因此要尽量避免。我们观察周围世界的时候，要尽量保持客观理智，时刻记住你不是“大众点评”，没有人想听你的点评。

感受与想法

感受和想法也是非常容易混为一谈的，当你内心有感受的时候，你的脑海里也就不可避免地产生想法，因此由感受引发各种不同的想法，这就是它们难以区分的原因。

我们需要去做的，是用心去体会自己的感受，逐渐分辨感受和想法之间的区别。每个人每天的心情都会有波动，每当遇到这种时刻，我们可以用心去体会自己的感受。其实很多人对自己的感受是模糊的，甚至无法找到准确的形容词去描述它。我们的感受很多，词汇却如此贫乏。高兴、不开心、激动、惊喜、惊讶这些词很常见，但实际上这些词汇是笼统的概括，不够具体详细。

我们来举个例子，比如你参加一场演讲比赛，马上要上台演讲，此刻你的感受和想法分别是什么呢？

A：感受

我现在心跳加速，双手微微颤抖，肚子也有点疼，面红耳赤，我有点紧张和害怕。

B：想法

我觉得自己很紧张，很害怕。我怎么这么没用？为什么不能像别人一样坦然自若，我太差劲了，简直就是个彻头彻尾的失败者，我想逃避，不想上台，我肯定不行，我要完蛋了！

在这个例子中，你会发现很多你认为是感受的词汇，其实都是自己的想法，一般人用来描述感受的词汇是非常贫乏的。感受的要点是不要压抑自己的情感，真正去感受自己的心。

而由感受引发的一系列想法，才是容易造成矛盾的主要原因。比如，我给老公发信息，他迟迟没有回复我的信息。那么我可能会感受到一丝失落。本来事情到这里就可以结束了，但是此刻有一个想法突然冒出来："老公是不是不爱我了？"于是我在这种想法的驱动下，继续对他进行短信轰炸："你为什么不回复我的信息？你在干吗？是不是不爱我了？"

他有可能正在忙工作上的事情，忙完之后打开手机，看到这么多莫名其妙的消息，心情肯定会很糟糕，也许就会冷漠地回复一句："才看到，刚刚在忙。"

我一看到他的回复如此敷衍，更加确信自己的想法是正确的，于是又开始发动新一轮攻击，这样一来二去，两个人就无法好好沟通了。

除了把观察和评论搞混，把感受和想法混淆之外，还有一个在沟通的时候常见的现象，就是过度使用一些不恰当的副词，特别是一些言过其实的副词，如"总是""永远""每次都是"等。其实之前我和老公发生矛盾的时候，我会随口用这样的词汇来指责他，比如"你总是迟到""你从来不倒垃圾""你每次都骗人"这样的话。后来我开始思考，这是事实吗？是每一次吗？会不会有些言过其实呢？再遇到类似的情况，我都会提醒自己，不要夸大事情的严重性，不用把一次性的事情概括成一种普遍现象。

蔡康永在《说话之道》中提到，我们和别人交流沟通的时候，最重要的原则是会换位思考，把别人的感受放在心上，这样在说话的时候自然会谨慎。如果每一个人在和别人沟通的时候，都能意识到语言暴力的后果，同时也能在说话的时候保持非暴力沟通，分清楚观察和评论，区别感受和想法，不仅会让沟通变得更加顺畅，还会发现，我们看待矛盾冲突的角度也发生了变化。

我们不应戴有色眼镜去看待身边的人和事，也不应随意地评论一个人。希望我们每个人的嘴巴都能“口吐莲花”，能够用温柔的话语让自己和身边的人都舒适，让人感觉如沐春风，这才是沟通的最高境界。

返璞归真的消费观

工作以后有了收入，手里有了点钱，感觉自己独立了。前二十年过着拮据的生活，现在有了工资，可以随意支配，就会面临以下问题：我们应该如何妥善管理这些钱？怎么花？怎么存？怎么理财？这就不可避免地涉及消费观的问题。

刚开始工作的头五年，我是一个名副其实的月光族。我的消费理念是："今朝有酒今朝醉，'买买买'让人快乐。"刷信用卡的时候一点都不心疼，衣橱里的衣服多到像瀑布一样滑落满地，口红随随便便就买了几十支，家里马克杯就多达十八个，搬一次家整理出二十个箱子。我简直就是网络上说的"隐形贫困人口"，外表过着光鲜亮丽的生活，实际上账面金额接近零。

曾经我觉得无所谓，反正我们这一代年轻人都是这样的。直到后来，我阅读了一些书籍，又和身边的朋友们聊天谈心，才幡然醒悟，并不是所有年轻人都和我一样。我过着月光的生活，主要是因为我被消费主义洗脑，而且财商太低。

消费主义洗脑的能力太强大，它可以把人们口袋里的每一分钱都榨干。就从节日说起吧，大家还记得从何时起，无论曾经多么不受重视的节日，都被宣导得非常重要吗？不仅中国本土的节日要过，外国的节日我们也不能错过。现有的节日还不够的话，还要人为地创造出几个来，最出名的就是“双十一”。所有的节日，都被商家变成了购物的狂欢。来看看以下广告词：“母亲节不给母亲送礼物，你妈永远是你妈。情人节不给女朋友送礼物，女朋友可能就不是你的了。”仿佛所有的节日，都要通过购物消费来传递感情，否则就不是真情实感似的。

在郑也夫的《后物欲时代的来临》中，有这样一段发人深省的话：“他们竭力影响民众用‘消费’取代‘生活’。最终，很多实际上不需要的东西充塞进生活，很多需要的东西无人供应、逐渐消失，乃至人们放弃或遗忘了最初的渴望。”

关于需求这个问题，很多社会学家讨论过，最出名的是心理学家马斯洛的需求层次理论：

这一理论将需求层次分为生理需求（Physiological needs）、安全需求（Safety needs）、爱和归属需求（Love and belonging needs）、尊重需求（Esteem needs）和自我实现需求（Self-actualization needs）五类，依次由较低层次到较高层次排列。在自我实现需求之后，还有自我超越需求（Self-Transcendence needs），但通常不作为马斯洛需求层次理论中必要的层次，大多数会将自我超越需求合并至自我实现需求当中。

现代社会的消费主义夸大，甚至创造出了很多新的需求，不是根据消费者的需求来提供商品，而是通过驯化消费者，人为创造需求来让消费者买单。

消费主义的机制由五大环节组成，包括广告、降低消费门槛、商人买通政府官员和专家操纵社会、人类的物质崇拜心理和时尚。

这五个元素环环相扣，相互影响，最后让每一个消费者都难以逃脱，消费者从来没有选择的余地。我还特别想提一下大数据时代的可悲，所有私人的信息都掌握在商家的手里，通过数据分析精准定位，广告可以因人而异，直接做到你的脑子里。

但是消费主义有其局限性，因为消费这个行为可以满足的只能是底层需求，生理需求和安全需求可以用钱买来，也许爱和归属需求、尊重需求也可以通过消费获得。但是更高级一点的自我实现、自我超越需求，是没有办法通过消费来实现的。

但是消费主义的陷阱，恰恰就是让你误认为通过消费也可以满足高等需求。消费主义巧妙地赋予了消费重要的意义，那就是“买买买”可以塑造更好的自己。

每天打开各种营销公众号，推送的内容都是“每个女人都需要这个斩男色的口红”或者“这个秋天你不能错过的十款衣服”，再或者“穿上这双高跟鞋，你可以去任何想去的地方”，随便写写都是爆款文的标配。那些文章全部告诉人同样的想法，只要买了某件时尚单品，你就可以扭转自身的气质，变得时髦洋气，成为更好的自己。

而实际上，那些照片都是精心设计然后摆拍出来的。再通过精修，添加一层滤镜，看上去更加高大上。而且时尚博主的审美、品味、气质，都是品质生活堆积出来的产物，说白了充斥着金钱的气息。它们是不会通过一件单品立刻转移到你身上的。

后来我又花钱购买很多书籍和网络课程，报名参加各种学习班。但问题是，购买动作结束之后，我就觉得任务完成了。仿佛只要我购买课程，那些内容就属于我了。那些知识通过购买的动作，直接就下载到我的大脑中。但实际上，这些知识变成电子垃圾，存储在电脑和手机里，我只不过是通过消费的行为来安慰自己，缓解心中的焦虑。它只是一种安慰剂，并没有发挥实际功效。除非我静下心来，好好学习，认真使用才行。

消费可以买到东西，但是无法买到意义。现在的消费门槛如此之低，只要你有时间有钱，随时随地都可以购物消费。这个过程曾经被赋予了过度的意义，但实际上它是虚无的。

单纯的消费并不会让你成为更好的自己，它只能满足一些低层次的需求。但是消费主义还有另外一种魔力，就是让人觉得刺激，让人感到上瘾。人类的天性喜欢追求刺激，厌恶无聊的生活。而消费主义的出现，恰好满足了人们的需要。购物的快感、消费的欲望，全部被千倍百倍地激发出来。

大家一起来看一个死循环：在消费主义的洗脑下，我们需要“买买买”。但是“买买买”需要钱。钱从哪里来？天上不会掉馅饼，我们需要工作，不能丢失工作。工作太累，需要再通过消费来缓解压力。过度消费之后，为了还信用卡，我需要更加努力工作，通过延长工作时间，增加工作量来要求加工资。工资涨了，消费也跟着升级，一切又会回到解放前。

这就是生产—消费模式造就出来的双重人格。如果不能跳出这个死循环，我们就永远深陷其中。我们是否可以考虑通过减少消费来增加生活中休闲的比重呢？也就是说，可以放弃一些不必要的消费来增加储蓄，给自己保留点余粮，以备不时之需。

如果你想稍微保持一点理性，那也是非常不容易的，因为消费主义的威力强大无比，商家绞尽脑汁想从你的口袋里掏钱。所以我们在消费的时候，一定要避开几个常见的消费套路。

第一个：价格便宜，一定要买。“走过路过，不要错过，全场清仓大甩卖。”听到这样的话，你有没有不由自主地停下脚步，想去店里看一看呢？实际上，价格便宜不应该成为购物的理由。购物的前提是需求，思考自己是否需要。在需要又很喜欢的基础上，再决定购买。

第二个：量大优惠。买得越多越优惠，是真的吗？囤积着各种各样几年都用不完的生活用品，把家里变成仓库，这样也许能省下点钱，但是家里变得拥挤不堪，整理起来耗时耗神，这样的囤积是否有意义？

第三个：商家常用手段，限时促销。“活动最后一天，明天起立刻恢复原价。”不要被这种话语欺骗，限时永远是不可能的。商家的产品如果卖不出去，后面自然会进行促销。而且现在那么多购物的途径，还存在东西买不到就错过的可能吗？

第四个：跟风。大家买，所以我也要买。群体智慧我一直不敢苟同，跟风这个行为更是值得反思。每个人的需求不同，不要被其他人的行为影响，要有自己的想法和判断力。

生存不能离开物质，但是如果一味追求物质，会忽略其他方面的追求。在物质极大满足之后，必然会导致精神上的空虚。人的精力是有限的，把所有精力放在物质追求上的话，精神生活必然会空虚。

精神空虚的人们分化为两个阵营，一个是门槛较低的短期刺激，比如网络上的短视频、电视剧、综艺节目等，这些是丝毫不用动脑子就可以享用的“奶头乐”。其次是门槛稍微高一些的长期精神娱乐的生活艺术。

过度的物质消费不能满足人们追求高层需求的要求，所以物欲时代和消费主义必将走向式微。我相信每一个看清楚消费主义陷阱的人，都会思考自己的应对方法。

现在的我不再相信消费行为可以塑造更好的自己。我的消费观就是物质生活朴素、精神生活充实。

在消费的时候更加审慎，减少物质需求，很大程度上是为了节约时间和金钱。买东西时只购买生活必需品，生活必需品也是尽量简朴，吃穿用度方方面面都是简单即可。

我实践着物质条件简朴的生活方式，过了一段时间以后，我猛然发现，生活品质非但没有下降，反而在某些方面有所提升。原来人的基本需求是很容易满足的，口腹之欲是没有上限的，但是同时也没有下限。减少不必要的消费后，我的储蓄不断增多。减少家里的物品后，居住空间变大，做家务的时间也缩短了。

当然，物质朴素的生活并不意味着一毛不拔，享受生活还是必要的。因此我建议把购买实体物质的金钱用来购买一些看不见、摸不着的东西，比如体验、经历、服务等。多出去走走看看，丰富人生的阅历。同时，人要想过得幸福，就绝对不能和大自然母亲失去联结，一定要经常和大自然多接触。我非常赞同这样的观点，从小在乡间长大的我，至今难以忘怀在大自然怀抱中自由生活的快乐。所以，我建议城市中的人们，有时间和金钱的话，可以创造一些机会去接触大自然，哪怕去公园里散散步都行。

在看清消费主义的真面目的同时也反思自己的需求之后，我决定选择适合自己的生活方式，过一种物质简朴、精神充实的生活。审慎又有意识地消费，寻找生活的意义，过返璞归真的日子。

职场沟通技巧大放送

在职场上，沟通的技巧是很重要的，它不仅是为了传递信息，促进双方的合作，还有更加重要的作用。职场中的沟通也是人际交往的重要组成部分，是工作能力软实力的体现。如果沟通得当，它可以成为人际关系的润滑剂，让你的工作更加顺利。如果处理不好，不仅会影响工作进度，还可能让别人质疑你的工作能力，甚至会阻碍你的发展。

我总结了一些职场中实用的沟通原则，主要分为微信、邮件、电话三个方面。这些小技巧都很简单实用，可以减少摩擦，让工作更加顺利。

如何正确使用微信

首先是微信，微信是目前最常用的沟通软件，而微信的使用，也是有许多需要注意的细节的。

1. 沟通事情之前称呼先行。

使用对方称呼开头，比如领导、××姐、××哥、前辈、老师这类客套用语。职场中是有等级的，也是有前辈和晚辈的，所以和别人沟通的时候，还是要称呼先行，不要上来就说事情。

2. 礼貌用语必不可少。

在职场中常用“您好”“谢谢”“麻烦您了”这些用语，可以帮你减少工作中的许多摩擦。

一定要记住多说谢谢。在电影《千与千寻》里，锅炉爷爷帮女主角千寻找到了一份工作，她因为太紧张，忘记了说谢谢，旁边的美女提醒她记得时常感谢别人。千寻把这句话牢牢记在心里，后来她的工作之路就顺利了许多。所以，保持礼貌是行走职场的基本法则。

3. 如果不是上下级关系，平行部门之间说话应该保持委婉和客气。

尽量不要总是使用命令的语气，如祈使句：“你把工作计划表给我一下！”这种命令别人的语气很让人反感，一般这样说话的人，不知不觉就会给自己树敌。建议用“可以把工作计划表给我一份吗？”这样表达更加委婉，虽然传达的是相同的意思，但给人的感受截然不同。当然，和下属之间最好也保持基本的尊重。

4. 标点符号和表情的使用也有技巧。

因为大部分内容都是文字，而文字背后的情绪是无法体现的，这时候就需要借助标点符号来表达语气和情绪。《沟通圣经》这本书里提到，标点符号和表情也会传达出不同的含义。比如，你觉得自己语气是愉快的，但是结尾使用了感叹号。举个例子，“我知道了！”

这句话给他人什么感受呢？我觉得是不耐烦或者生气的感觉。如果换成“我知道了”，感觉会好许多。

正是因为书面表达听不出语气，所以我们才需要添加标点符号和表情来传递态度。书面表达还有一点好处，即使你已经在心里不断咒骂对方，表面上依然可以保持微笑。

此外，为了让聊天氛围不那么沉闷，可以使用一些表情，比如微笑、爱心、鼓掌、握手等，这些都是正正经经的表情。职场中聊天，尽量不使用太多表情包，特别是和年长的人聊天时，因为他们可能不懂。

5. 尽量不要发语音，尤其是超长语音。

我相信很多人都无法忍受超长语音吧。首先语音不是随时随地都能听，转换成文字也不那么准确。语音还不能暂停，要么就一直播放，要么就要重听，非常痛苦。而且往往听完结尾，就忘记开头讲的东西。这真是工作效率的一大阻碍。

6. 工作群里发的通知，看到后尽快回复“收到”。

否则，发通知的人会担心通知不到位，如果有遗漏会产生麻烦，特别是一些重要的会议或者活动的通知。当时公司里有位新同事，永远不回复群里的消息，每次我会再发私信给她，确认她收到通知，她还会不耐烦地说一句“看到了”。收到通知回复是最基本的常识，不是你觉得麻烦就可以不用回。当然如果你是领导，那就另当别论。普通员工这样的行为，会给他人的工作带来困扰。

7. 微信群里收到的表格和资料随手保存，可以点击收藏，需要的时候随时可以使用。不要在每次需要的时候，开口找别人要。同事们都是很忙的，所以多站在他人的角度换位思考，方便自己、麻烦别人的事情，最好还是少做一点。很多时候就是顺手的事，如果纯粹是不愿意去做，那是态度不够专业，在职场中，这样的行为应该尽量避免。

8. 尽量在截止日期之前完成工作任务，如果有特殊原因无法按时完成，可以提前告知别人，将申请时间延长。不要因为自己拖延影响别人的工作。

❧ 如何正确使用邮件

职场新人一定要善于使用邮件。微信传输确实很方便，但是有时候时间长了，传输的内容会丢失。邮件中的内容可以保存很长时间，非常安全，所以邮件相当于有双重保险。一般我建议使用微信发送之后，也发送一遍邮件。

邮件的使用：

1. 标题和正文都要写。标题要简洁明了，重点内容一目了然。正文可以设置模板，每次只要把主要内容修改一下即可。其他的“您好”“请您查收”“收到望回复”“祝工作顺利”这些客套话就可以原封不动地套用。

2. 有附件的邮件，不要遗漏附件。附件的文档要有名字，不要用“新建文件”这种系统自动生成的名字，建议使用文档内容＋日期。附件少的最好不要打包，减少步骤。如果必须要打包的话，在邮件正文里说明。

3. 邮件里设置个人信息，包括姓名、职位、电话、公司地址之类的信息。每一次发送工作邮件，都应在邮件最后附上个人信息，这样显得比较专业。

4. 主送和抄送的区别。主送是行文对象，看这件事情需要涉及哪个部门，谁主要负责处理此事，邮件就主送给谁。抄送一般发给需要告知的部门或者人，可能不需要他们办理，但是应该让他们知晓。举个例子：我发邮件主送小王，抄送小王的领导和自己的领导，那就是需要小王帮忙办一些事情，需要双方领导知晓，但是领导们是不需要执行的。

❧ 如何正确打电话

1. 许多人有电话恐惧症，不敢打电话，害怕打电话，针对这种情况，我建议提前打草稿，把要讲的重点内容一条一条列出来，这样讲电话的时候有条理，也不容易紧张，还能防止遗漏重要信息。

2. 最好先确认对方是否方便接电话，可以发微信，或者短信询问：“您方便接电话吗？现在方便打电话吗？”如果对方没有回复，建议不要在休息时间打电话，比如中午午餐时间、下班以后、节假日、周末等休息时间，尽量不沟通工作。比较合适的时间一般在上午 10：00~11：30，下午 2：00~4：00。

3. 打电话时先自报家门，“您好，我是某某公司的某某”。开头的自我介绍很重要。打电话过程中礼貌用语不能少，“您好、谢谢、再见”这些礼貌用语不能忘。

4. 态度热情，嘴角保持微笑。态度会通过语气传递出来，所以还是要热情一点。此外，打电话期间也不要喝水、吃东西、和别人讲话，这会让人觉得你不够专业。

5. 领导先挂你再挂，年长的先挂你再挂。简单来说，讲完电话不挂，等对方先挂你再挂。

总而言之，职场沟通中，细节很重要，不要忽视这些看起来无关紧要的小小细节。当然，沟通最重要的原则依然是换位思考，把对方的感受时刻牢记在心中。同时可以巧妙地利用工具，提高沟通效率，节约时间和精力。

第四章

爱情是生活中的美学

女性越主动，感情越被动?

在年轻的时候，我们都对爱情充满各种各样的幻想。爱情是人间的蜂蜜，吃上一口就意乱神迷。对于爱情的态度，也从懵懂无知，到清晰成熟。舒婷的《致橡树》中说："我如果爱你，绝不像攀援的凌霄花，借你的高枝炫耀自己……我必须是你近旁的一株木棉，作为树的形象和你站在一起……"这是我理想中的爱情，两个人都拥有独立的人格，彼此尊重，相互爱惜。

爱情如此美好，那么面对人生中珍贵的蜜糖，我们是否可以主动出击呢？特别是女性，在爱情中是否可以主动一点？曾经我的观点是，女性应该矜持。

青春期的时候，班级里有件事情让我印象深刻，那是初中时代，同班一个女同学主动追求当时的"班草"，这件事情在班级里闹得沸沸扬扬。那时候我们年纪还小，对异性有懵懵懂懂的好感，但还不清楚爱情是什么。而她比我们早熟，在感情上非常大胆，直接写情书给班草，当众向他表白。她还找班主任要求调换座位，说想和班草做同桌。

当年的班草可以说人见人爱，但是没有人敢捅破这层窗户纸。而她竟然敢如此正大光明地追求，这种行为立刻引发女生们的不满，大家抱团在私下说她的坏话："女孩子家，怎么脸皮这么厚，竟然主动和男生表白，一点也不矜持。"

班草被她大胆的举动吓坏了，不仅当面拒绝她，还和大家一起嘲笑她，离她远远的。在班草生日那天，她送了一张贺卡，结果被班草当众撕成碎片。其实班草的举动可以理解，当时的他还不会处理这种强烈的情感，因此会本能地选择拒绝和逃避。

这件事情给我留下深刻的印象，她哭泣的脸庞时常浮现在我的眼前。我曾经鄙视过她的行为，但随着年龄和阅历的增加，我的观念逐渐发生变化。我觉得在爱情中，女性主动一点挺好的。而且我坚定地认为：女性如果想把握感情走势，一定要积极主动。

男女平等，女性在爱情中主动不丢人

回忆起那位初中女同学，对于当年的我们而言，她的行为是完全无法接受的，因为所有人都认为女性应该矜持，这是天经地义的，是毋庸置疑的。但是值得深思的问题是："女性要矜持"这个想法，是如何潜入大家观念中的呢？

我相信大家都听过这样一句话："女性在感情中一定要矜持，女性一旦主动就不会被珍惜，越主动感情上就会越被动。"这个观点如此深入人心，随处可见。无论是在书籍、影视作品中，还是人们茶余饭后的闲聊中，都体现得淋漓尽致。就这样，"女性要保持矜持"

的要求，在不知不觉中成为社会约定俗成的“潜规则”。

这种观点是否正确，是值得我们深思的。这种观点的产生，追根求源还是不得不提男权社会中的男女不平等。哲学家叔本华在《人生的智慧》中提到过以下的观点：在男权社会中，女性一直是被当成私人物品。未出嫁之前的女性是父亲的财产，出嫁以后女性是丈夫的财产。男性为了确保自己的财产安全，必须在她们身上捆上一道又一道的枷锁。而女性作为一个财产，怎么可以主动求爱呢？

对女性而言，如果在感情里主动，就会打破原有的性别教条。传统的观念认为，女性没有主动选择的权利，而是类似于被男性挑选的物品，所以长期形成了“主动就是倒贴，主动就是吃亏”的观念灌输。这种强烈的价值绑架，限制了女性主动追求爱情的自由。

现在，女性作为独立的个体，拒绝再被贴上“财产”的标签。女性和男性一样，完全可以主动追求喜欢的人。如果一个人仅仅因为你主动，就认为你的感情不值钱的话，那么这个人根本配不上你真诚的情感。

喜欢就勇敢出击，主动追求并非男性特权

“我的人生我做主”，不仅仅指面对爱情，对待生活中其他的事情，最好的状态都是把主动权掌握在自己手中。

传统观点对女性的束缚无处不在，比如很多人认为女性不可以主动写情书表白，也不能主动邀请男神吃饭看电影等。面对喜欢的人，可以百般暗示，但是绝对不能先开口，先开口就输了。

随着年龄增长，我越发觉得这种想法很荒谬。青春期我开始体会到爱情的滋味，我发现“矜持”“内敛”“含蓄”这些词汇就像是

压制情感的大山，我明明有那么多丰富的感情，迫切地想要表达，却不能主动地表达内心的感情，仅仅因为我是女性，这实在是太荒谬了。

我开始逐渐意识到，原来很多人认同的观点，不一定是正确的，更不一定适用于所有人。世界上每个女性的个性是不同的，如果我是那种有感情就憋不住的个性，如果我想要主动追求喜欢的人，我又为何要束缚自己呢？

哲学家罗素在《幸福之路》中有一段话非常经典，解释了一些女性为什么不能表达自己的感情："在女子那儿，她们的热情被一种错误的自尊观念极大地削弱了。人们往往认为，女子对男子抱一种明显的兴趣是可恶的，在公众面前表现出太多的活力也不怎么受人欢迎。为了学会不对男人感兴趣，她们常常学会了不对任何东西感兴趣，或者除了某种正当的行为外，不对任何其他行为感兴趣。"

同样的道理，传统观点中认为，男性应该在感情里积极主动。但实际上，这也是一种对男性的束缚。很多男性的个性是非常羞涩的，他们也可能在不断纠结、犹豫不决，不敢去找心爱的人表白，我相信这样的男生不在少数。实际上对很多人而言，感情是难以说出口的，尤其是青春期的时候，虽然少男少女的感情是最强烈的，但想表达出来是一件无比艰难的事情。"爱你在心口难开"这种羞涩之情其实不分男女。

我建议女孩子可以试着主动去表达内心的情感，可以主动去追求喜欢的人。当然追求的前提是遵循基本的道德，我从来不鼓吹"爱情至上"。

当感情积累到一定程度的时候，应该让它自然而然地流露出来，而不是压抑着自己。

初中女生和班草的故事，并没有一个圆满的结局。但她坦坦荡荡的态度让我欣赏，喜欢就是喜欢，想表达就去表达，她勇敢做自己。在她看来，喜欢一个人不是一件丢人的事情，说出来也不丢人，被拒绝也不丢人。我不知道如今她是否还保持着当年的性格，如果她还和原来一样，我真是替她感到庆幸；如果她遭受打击，从此完全隐藏自己的感情，着实令人遗憾。

多年之后的同学聚会，她没来参加。我们和班草提起当年的事情，聊起当年轰轰烈烈的追求，班草沉默了一会，说："她不来真是遗憾呢，大家都好多年没见了。"

追求男神的过程本身，可以让你变得更好

去追求一个优秀的人，即使最后没能修成正果，你依然可以在这段经历里获得成长。你喜欢的人，在你眼里一定是闪闪发光的，浑身上下都是优点。为了靠近自己心仪的人，你会像打了鸡血一样去努力。

在我身边，也有许多主动追求爱情的女性，当然不可能每个人都心想事成，但是追求的过程绝对会让人有所收获。为了靠近心中的男神，她们在不断地提高自己，最后就算对爱情"求而不得"，至少心中不留遗憾。

电视剧《恶作剧之吻》讲述了一个少女追求男神的故事。在这个故事里，女主角袁湘琴为了追求男神江直树，努力学习，从学渣逆袭成学霸，考入年级前一百名。后来她又追随直树，克服内心的恐惧，成为一名护士，最终他们收获了幸福。虽然她的外表看上去

傻乎乎的，但我觉得她拥有不一般的勇气，在这段感情里，她成了更好的自己。

所以女孩们，如果遇到男神，不用压抑自己的感情，跟随自己的心去行动。目前你有喜欢的人吗？如果有，试着去接近他吧。

❧ 敢于主动追求的人，也敢主动拒绝

爱情和学习、工作、友情一样，也只是人生的一个组成部分。面对所有的事情，保持主动的态度，永远不是一件坏事。遇到喜欢的工作就去面试，遇到喜欢的人就去接近，都是同样的道理。

消极被动的状态不是好事。特别是性格被动的人，他们不仅在感情中被动，在面对生活中其他重要决策时，也会犹豫不决、优柔寡断，这样的人往往需要别人来替他们做出决定。

而选择主动追求的人，明确知道自己心里的想法，往往也敢于拒绝不喜欢的追求者。

很多女性在感情中很被动，不仅不敢主动追求，也不懂如何拒绝。她们往往等着别人来追求，白白放弃了主动权，幸福与否只能看运气。

有时候遇到那种持之以恒的公开追求者，虽然不是自己心仪的对象，但是他对你特别好，你难以拒绝，也不会拒绝。久而久之，围观群众都认为你们应该在一起，否则你就是欺骗他人的感情。事情演变到最后会骑虎难下，只能在道德和舆论的压力下选择与对方在一起。

如果对方人品不错，个性也好，对你也是真心的，也许你们可以培养出感情（实际上我认为感情很难培养），以后的日子可能会过

得幸福，但是这种选择的风险太大。

所以我希望女孩子们，如果对追求者真的没有感觉，那就不要浪费彼此的时间，应有技巧同时又明确地拒绝。不要给模棱两可的答案，更不要把别人留着当“备胎”。

❧ 主动并不代表没有策略，失败也无所谓

主动是一种心理的积极状态，并不像电视剧里演得那么歇斯底里。我觉得主动追求并不意味着“玫瑰花、蜡烛、宿舍楼下大声表白”这种俗套的模式。实际上，每个人的性格不同，大家可以根据自己的性格来选择不同的方法。在面对爱情时，人们有时候反而会展现出和自身性格完全不同的一面。一个能说会道的男孩，可能会在心爱的人面前变得笨嘴笨舌。一个内向的女孩，也有可能爆发出不一样的激情。

在爱情中的主动，也需要掌握方式方法。比如，你喜欢一个男孩，可以想办法多多出现在他的身边，先从朋友做起，彼此熟悉之后再开始制造机会。如果你们都爱好旅游，那么可以相约一起出去玩。或者如果口味比较接近，可以抽时间约饭。等到时机成熟的时候，再表达内心的感受，所有的技巧都抵不过真诚的感情。

还有一个困扰女性的想法就是害怕被拒绝，一旦表白被拒绝，一些女性会觉得无地自容，可能从此以后再也不相信爱情，再也不敢主动出击。其实我觉得，主动追求却被拒绝是很常见的事情，没有必要一蹶不振。感情里的失败，和人生中其他失败一样，都是普普通通的失败而已。

有些人害怕付出真心却被伤害，实际上很多人低估了自己的修

复能力，感情的创伤会随着时间流逝而逐渐淡去。没有人会嘲笑一个在感情里主动的男性，我希望有一天，女性想主动的时候就主动，也不会有人嘲笑一个在感情里主动的女性。

真正的爱情是心意相通，是两情相悦，可惜这种真爱并不是所有人都有机会遇到。想要获得一份优质的爱情，当然离不开运气，但是主动的勇气也是不可或缺的。就在不久之前，我在朋友圈里翻到那位初中女同学的结婚照。她穿着洁白的婚纱，和丈夫幸福地并肩站着。我看着她脸上甜蜜的笑容，相信她一定找到了属于自己的幸福，因为像她那样的女性，是绝对不会和幸福擦肩而过的。

一部遗失的手机引发的三角恋

去年冬天，下了一场好大的雪，用鹅毛大雪来形容丝毫不夸张。看着外面纷纷扬扬的雪，那场景真是“忽如一夜春风来，千树万树梨花开”。我想到韩剧《冬季恋歌》中的浪漫故事，于是拉着老公去家附近的公园赏雪，老夫老妻还硬要装成热恋的小情侣。

雪太大，路面全部结冰，公交车都停运了。天气太冷，出门没多久我就有点后悔，双手和双脚很快就冻得失去了知觉。我们俩走走停停，花了半个多小时才挪到目的地。

没想到公园里的人还真不少，虽然不如平时那般熙熙攘攘，但是也别有一番热闹的氛围。家长带着孩子来公园里玩雪，情侣们紧紧靠在一起散步，当然更少不了三五成群的年轻人，聚在一起打雪仗。我被眼前美丽的风景吸引，不停地拍照。

就在我陶醉在这景色中时，老公神神秘秘地用胳膊肘推推我，用手指着地上说：“你看那是什么？”他的手指之处，似乎有银色金属光泽一闪而过。我蹲下，伸手一摸，没想到竟然是一部手机。它屏幕朝下，银色外壳露在外面，被雪花半掩着，不那么容易看见。

我把手机翻来覆去翻看了一遍，也算获取到一些信息。首先我推断出这部手机的主人多半是个年轻男性，原因显而易见，这部手机的金属外壳磨损严重，上面有多处划痕。手机屏也摔碎了，裂痕布满整个屏幕，看上去摔过不止一次。不仅没有贴膜，也没有手机壳。把手机用成这样，多半是个粗糙的男子汉。此外，手机里的通知，大部分是单机游戏的提醒。

还好，功夫不负有心人，我终于在一堆通知里，发现一个两天前的未接来电提醒。从来电者的名字来看，应该是个女性。于是我抱着试试看的心态，点开通知，没想到这个号码竟然可以回拨过去。

如我所料，接电话的是个女人。我说："你好，我在公园里捡到这部手机，你认识手机的主人吗？"

她回答说："嗯，这个手机是我男朋友的。"

听到她这句话，我很激动，没想到寻找失主的事情进展如此顺利。我想他们俩此刻应该都在公园里。他们是男女朋友，像这种大雪纷飞的天气，应该不会有人独自来公园里玩。

但是她接下来的话出乎意料，她说："我和他不在一起，今天我在单位里加班，我男朋友是和他同事一起去公园的。"

当时我的第一反应是事情好像有点不对劲儿。如此恶劣的天气，寒风吹着雪花刮到脸上，就像火辣辣的耳光。如果不是关系特别亲密的人，是不会相约来赏雪的。而她的男朋友竟然会和同事一起出来玩，真是让人难以置信。

我心存疑虑，于是旁敲侧击地问她："今天下这么大的雪，他和同事一起出来玩呀？”姑娘没有听出我的言外之意，只是回答说是的。

刚开始她想到让我打车，把手机送到她公司去。但是雪下得太大，根本打不到车。于是我提醒她：“既然你男朋友和同事在一起，你知道是哪个同事吗？可以联系下他的同事吗？然后打过来就行。”

她说可以，让我稍等片刻。没过五分钟，我接到称呼是小明的电话，他宣称自己是失主的同事，但目前他们不在一起，他也在试图联系失主。

听到这里，我终于抓住了重点：“他们目前不在一起！可是他们不是一起来公园玩的吗？怎么会不在一起呢？难道公园太大，还走散了不成？”

看来这件事情没有想象中的那么简单，中间可能有什么猫腻。我的脑海中开始上演了这样一段剧情：手机主人知道自己的女朋友周末要加班，偷偷把第三者约出来，然后找同事“小明”当掩护，说是和他一起去公园逛逛。如果女朋友问起来，同事小明自然会出面帮忙撒谎。

当然这些全部都是我的推测，我把自己的想法告诉老公，他眉头一皱说：“你别胡思乱想了，也许根本没有那回事。”

直到我接到一个陌生号码打来的电话，这个号码在手机通讯录里没有备注姓名，只是一串数字，他就是手机主人。我们简单聊了几句之后，约好在喷泉处见面。

“你看看，他哪里来的手机给我打电话呢？他身边肯定还有一个人，而这个人不是他同事，那到底是谁呢？”我觉得自己已经掌握了充分的证据。

“等会儿见面就知道了。”

一见面，来了两个人，孤男寡女。男生就是失主，人长得普普通通，毫不起眼。旁边的女孩让我眼前一亮。她的一抹鲜艳的红唇，在大雪的映衬下显得格外明显，让我联想起雪中的红梅。天气如此恶劣，她竟然还有心思化妆，看来这个男生在她心中的地位很重要。

看着他们肩并肩走过来，我朝着老公微微一笑，事实证明我猜测的没错，这个男生在对自己的女朋友撒谎。他没和男同事在一起，而是陪着一个女人。但是我还无法判断他们俩到底是什么关系。

他取回手机之后，竟然主动和我解释说：“刚刚我在这附近练习倒立，估计是倒立的时候，手机从口袋里掉出来了。”

什么？倒立？我没听错吧？这到底是什么操作？在这样寒冷的天气里倒立，我不得不佩服他的脑洞。

他们离开之后，我几乎可以百分百肯定：“他们之间的关系不正常。他为什么要骗自己的女朋友？今天雪下得这么大，天气这么冷，大部分人都窝在家里吹空调。不是特殊情况，谁跑到天寒地冻的公园里来受罪？”

老公思索片刻，一脸严肃地说：“会不会存在这样一种可能，你看根据他刚刚说的话，我推测他们可能是倒友的关系。”

“什么是倒友？”听到他嘴巴里冒出这样的陌生词汇，我完全是丈二和尚摸不到头脑，认为他一定是在开玩笑。

“就是倒立爱好者嘛！就像摄影爱好者一样，大家会约好一起出去拍摄，而他的爱好就是雪中倒立。但可能他女朋友不理解他的追求，也不支持他倒立，所以他只能在网上约有共同爱好的女生，两人一同来公园里倒立，我认为他们是倒友关系。”

我仍然一脸茫然，但他分析得头头是道，难道真有倒立爱好者协会，就像摄影爱好者协会一样？当然，大千世界，无奇不有。如果不是察觉到他憋着笑的嘴角，我差点儿就被他骗了。

我忍不住狂笑不止："差点相信你的鬼话了！"不过我还是没有放弃，我的好奇心驱使我要搞清楚他们之间的关系。我睁大眼睛继续搜寻他们的身影，偷偷摸摸的样子像偷拍明星的狗仔队。一旦被我发现他们牵手或者拥抱，那么结论就很清楚了。

功夫不负有心人，最后真让我又一次遇到他们。不过我想象的情景并没有发生，反而看到永远难忘的一幕。只见那名男子真的在倒立，他头顶地面，两条腿费力地竖向天空，因为血流朝下，他的整张脸涨得像个猴屁股。

此刻整个世界都安静了，雪花纷飞的湖边，男子倒立，女子拍照。

看到这出乎意料的一幕，我和老公面面相觑，彼此都在心里暗暗琢磨着："难道他们真是纯洁的倒友关系？"

你真的了解和你领证的人吗?

结婚是人生中的大事，所以一定要慎重。在决定步入婚姻之前，一定要好好了解准备结婚的对象。擦亮眼睛，拒绝被骗，千万不能被蒙在鼓里，任人摆布。

我来分享一个小故事，给大家提个醒。从哪里说起呢？就从我和老公领证的日子讲起吧。我们千挑万选，选出一个难得一遇的良辰吉日，决定去领结婚证。

因为日子特别吉利，当天领证的人很多，民政局门口一大早就排起了长龙，队伍甚至都排到了马路上。这样热闹的场景也吸引来了电视台的记者们。我看到一个漂亮的女记者穿梭在人群中，身边还跟着一个扛着摄影机的师傅。

“快看快看，那边有人在采访，说不定会采访到我们，我们快点站好，做好准备！”结果呢，记者从我面前走过，压根没有注意到我们。不过我依然没有放弃，心里暗暗幻想着：“也许我会被无意间拍摄下来，成为采访视频中的背景。”

领证结束，回到家，我们就开始在网上搜索关于领证的新闻。没想到，网上还真有不少相关的新闻报道，都说当天的领证数量创历年来的新高。我费力地看了半天，也没有发现我们俩的身影。我感到有一点小小的失望，本来还指望能偷偷露个脸呢。

就在我准备关掉电脑的时候，老公突然阻止了我，他指着电脑屏幕喊起来：“快打开这个视频看看，这个人我好像认识。”

他指着屏幕上一个小小的视频缩略图，让我点开。在那么多条繁杂凌乱的新闻中，他竟然也能碰到认识的人，我真是佩服。我随手点开视频看起来，视频中记者随机采访队伍中的一对新人，询问他们领证的感受。

“你认识啊？这俩人是谁啊？”我问老公。

他盯着屏幕说：“我认识这个男的，他是我隔壁实验室的同学。”

“哇，他们运气真好，被电视台采访，还录了视频，留下了相爱的证据呢。”我很羡慕他们。

我接着看视频，记者问他们：“你们选择在今天这样的好日子来领证，现在是什么样的心情呀？”

我以为他们会回答很开心、心情很激动之类的话，但是他们并没有这样说。

男方说：“我们在一起挺长时间了，我觉得到结婚的时候了，应该给她一个交代。”他长着一双小眼睛，戴着黑框眼镜，身材还有点健壮，笑起来很憨厚老实。

女方补充道：“其实我觉得很意外，没想到他会邀请我来领证。我们在一起五年多，一个月前他提的分手。结果他昨天晚上发消息给我，让我今天来领证，当时我还以为他是开玩笑呢。”她一看就很单纯，没什么心眼，一边说一边宠爱地看着男方，脸上笑开了花。

听完他们的回答，我觉得挺震惊的。说句实话，这是我第一次听到有人对自己领结婚证感到意外。我实在忍不住，吐槽了一句：“这男的怎么回事？分手一个月之后突然决定找女方领证。今天领证，昨天才通知，而且是短信通知，现在请客吃饭都不能这样随意吧。更奇怪的是，这个女的竟然还答应了。如果是我，打死我也不会来领证的。”

老公一脸不屑地说：“又不是每个女生都像你这样要求高。人家这是真爱，真爱你懂吗？随时随地就可以结婚。不过他结婚结得有点低调呀，一点风声都不透漏，实验室好像没人知道。”

“说不定他根本不想让人知道呢！”

老公听我这么一说，整个人陷入了沉思，好像在竭力回想着什么。他的神色有些犹豫不决，盯着视频中的女人看了半天，突然眼睛一亮，脸上露出看透惊天大秘密的表情：“天哪！他旁边的这个女人，好像不是他学校里的女朋友。”

“你说什么？这个女的不是他女朋友？不会吧，可是刚刚她说他们在一起五年，不是他女朋友，还能是谁？”

“不对啊，绝对不是一个人！我见过他的女朋友，我经常在学校食堂里遇到他们。那个女生好像是他的学妹，他每天晚上都会送她回宿舍。”他笃定地说。

“你确定吗？不要搞错了，冤枉好人。”

“绝对不是同一个人，学妹比这个女的年轻漂亮。”

“还有一种可能，他们不是分手过一个月吗？也许在那短短的一个月内，他交了新女朋友。”

老公的表情更加复杂，他幽幽地说：“他和学妹在一起很长一段时间了，远远不止一个月。”

这下我彻底愣住了，没想到通过一段短小的视频，竟然撞到生活中的狗血剧，这不就是个脚踏两条船的故事吗？一个是谈了五年的女朋友，一个是年轻貌美的学妹。

但我觉得挺费解的，他为什么会选择和已经分手的前女友领证？难道他痛下决心，决定浪子回头？决定和学妹断绝关系，彻底结束这段三角恋，开始承担起家庭的责任？

“也许吧，明天我会把视频给其他同学看看，确定我没有认错人。”我们不能冤枉任何一个好人。

第二天回家以后，我就迫不及待地问他：“怎么样？他们怎么说？是不是你认错人了？”

“没认错，就是他。不过还有一件事，说出来你可能都不敢相信。”

“难道？”我心有灵犀地猜到他接下来要说的话。

“是的，今天我又在食堂撞见他和学妹了。他还牵着学妹的手，俩人卿卿我我的，看上去没有分手的意思。”

我听完之后有点愤怒：“怎么会这样？他不是已经和别人结婚了吗，为什么还不和学妹分手，欺骗着两个无辜的女人？之前他是脚踏两条船，现在的情况是婚后出轨，情节更恶劣！”

“不行，我不能让他再继续骗人，一定要想办法揭穿他。”我说。我不忍心看他继续欺骗那两个女孩子。

老公看着我义愤填膺的样子，笑着说：“还是你们女生正义感爆棚。实验室的女生看完视频都挺生气的，她们决定要当着所有人的面去祝福他新婚快乐，暗示他结婚的事情大家都知道，想用这样的方式让他收敛一点。”

我听了很欣慰：“是啊，大家都是女性，相互帮助是应该的。不过她们这样做的话，会不会激怒那个男生啊？他会不会特别惊讶呢？本来想神不知鬼不觉地出轨，现在却尽人皆知了。”

第二天我心情忐忑地等着老公回家，他一回来我就缠着他问：“怎么样？他当时是什么表情？有没有很难堪、很尴尬、无地自容？”我的脑海中想象出一百种表情。

结果老公轻飘飘地来了一句：“他表现得很自然，看不出来任何情绪，只是和平常一样，露出了一个憨厚老实的笑容……”

我感觉再也无法直视“憨厚老实”四个字了。

忽明忽暗的路灯

老公一进家门就迫不及待地和我说："今天我在公交车上遇到一件很奇葩的事，你想听吗？"看他一脸激动的样子，我不得不承认男人有时真比女人还热衷于八卦。

但是他的话确实瞬间就勾起了我的好奇心："什么故事呀？讲来听听。"

他故弄玄虚，搓着双手说："要我讲故事可以，但是今天晚上我不洗碗行吗？用一个故事换取轻松一刻。"

我知道他又想偷懒："那取决于你故事的精彩程度！等我听完之后再做决定吧。"夫妻之间也要斗智斗勇，这是属于我们俩的小情趣。

"事情是这样的，当时我正低着头玩手机，突然听到一个女人说话的声音。刚开始我没有注意，后来她说了一句话：你背着我干的好事，我已经都知道了，你不用再骗我。"老公身体斜靠在厨房门上，看着我切土豆丝。

他继续娓娓道来："我就抬头一看，原来是我前侧方座位上的女人在打电话。"他停顿一下，故意吊着我的胃口。

"什么样的女人啊？长得好看吗？"

"她坐在我前侧方，看不清她的正脸，就能看到个侧脸。她皮肤挺白的，留着披肩长发，上身穿蓝色毛衣，搭配修身牛仔裤，身材挺苗条的。她的气质优雅温柔，让人感觉很舒服。我觉得凭她的长相，应该会有很多男性追求者的。不过她应该不算年轻，估计三十岁左右。"老公回忆着她的外貌。

"你观察挺仔细的呀！然后呢，是不是和男朋友吵架呀？"在我看来，这就是个普通的情侣之间吵架的故事而已。

"她说，没想到你还注册了相亲网站的会员，用的头像照片还是我帮你拍的，真讽刺。你相亲情况怎么样呀？吃完饭还一起去看了电影吧！"听起来是一个挺精彩的故事，我不由得放慢了切菜的动作。

"你的意思是她的男朋友背着她偷偷去相亲了？"这种情况还真不算太少见，也许他们在一起时间不长，没有到谈婚论嫁的地步，男方还准备多接触些女人呢。

"当时我不能确定他们的关系，这个女人的态度出乎意料地理性，没有歇斯底里，也没大哭大闹，我觉得不太正常。"他继续说，"她沉默了一会儿，对方好像一直在解释什么，接着她说了句更加劲爆的话……"老公又在故意设置悬念，我举起菜刀瞪了他一眼，他立刻继续讲："她说，你真是辜负了这三年来我付出的感情。你出轨不是一次两次，每次我都原谅你。可你竟然还背着我去相亲？"

这句话一说出来，我心中感觉到了巨大的震动。出轨、背叛、好多次？这几个词一次比一次强烈地冲击着我。

我转过头看着老公，充满疑惑地说："他们在一起三年了？这三年之间男朋友出轨过好几次，现在还背着女朋友出去相亲，是不是这个意思？"

老公默默地点点头。虽然我知道在感情浮躁的现代社会里，出轨已经成为一种寻常现象，但我还是为这个女生的遭遇感到难过。有句话说："男人出轨没有一次两次，只有零次和一万次。"这句话不能概括世界上所有的男人，但用来描述她的男朋友，却是相当贴切。

"他们为什么不分手啊？这样的男人值得她多次原谅吗？我真是无法理解。"我咬着牙狠狠地说，巴不得立马去劝他们分手。

"你可别忘了，他们已经在一起三年了，三年肯定有感情的呀，而且这三年付出的时间、精力、金钱，怎么可能说放弃就放弃呢？"老公理性地分析着。

"可如果现在不放手，将来只怕会投入更多的沉没成本，结局也并不乐观。真希望她在男友第一次出轨时就和他分手，千万不要心软。不过你说得对，感情的复杂之处就在于情侣之间有过太多的美妙回忆，让人难以割舍。这三年对男生来说也许影响并不大，但对女生而言却是相当沉重的代价。"我一边翻动着铲子，一边替这个女生感到不值。

老公看我陷入思考中，继续讲道："她还说她男朋友的狐朋狗友们，个个都背着老婆在外面乱搞，她早就劝他不要再和他们来往了。不过好像男朋友根本不听她的劝，还是我行我素。"

"原来是这样的，看来物以类聚、人以群分说得没错啊，他周围的朋友都是这类人，那他肯定也觉得出轨无所谓。只能说明女孩一时被爱情蒙蔽了双眼，看不清真相。一旦理智下来，会发现他们根本不是一个世界的人。”

“还没结束呢，我看到她低下头，肩膀有些颤抖，不知道是不是哭了。我听到她很绝望地说：你妈也知道你在网上相亲对吗？她也同意的是吧！是不是她让你去相亲的？”老公帮忙把筷子摆好，收拾一下准备吃晚饭。

和老公刚开始恋爱时，我妈也是强烈反对的，老公家庭条件并不好。我没有听父母的意见，自己做了决定。我觉得这个选择是正确的，虽然经济条件有些拮据，但我们的小日子过得很温馨。

“那我估计他们双方见过家长了，男方的妈妈对她不满意。也许她觉得自己的儿子还值得有更好的女人，这姑娘只是个备胎，这可真是太可怕了。如果他们将来结婚的话，他妈可能会各种挑剔，到时婆媳矛盾又会成为棘手的问题。如果老公能够帮她，情况可能好点。不过，这个事件中的男生，多半是个妈宝男。”故事的发展越来越沉重，这对情侣的未来生活并不乐观。

老公给我夹了一筷子土豆丝，继续讲着：“后来她突然来了一句，你说得没错，我就是对感情较真，我就是奇葩。原来她男友还在电话里骂她是个奇葩。”

从什么时候开始，对待感情态度认真沦为奇葩了？难道放荡不羁、三心二意，才是现在的流行趋势？如果我是她的朋友或闺密，我一定会第一时间上前拍拍她的肩膀，告诉她：“姑娘，你不是奇葩，他才是奇葩呢！”这两个人的三观是完全不合拍的，特别是在感情观上。

“你说她的处境为什么这么惨？一步又一步不断退让，是不是因为年龄的原因呀？”一些人认为女生三十岁还不结婚就会沦为“剩女”，而她已经接近三十岁，估计父母早就在逼婚。我想她的内心应该是有些焦虑的，也许还有“恨嫁”的情绪，所以才会在这份感情中处于被动的地位。

虽然这个女生年近三十，但我还是希望她能够挣脱传统观念的束缚，认识到年龄只是个数字而已。世界上并不存在剩女，每个女人在不同的年纪都有不同的魅力。女性的价值并不因为年龄的增长而降低，反而因为时间和经验的积累，变得更加熠熠生辉。

“不过这一次，她好像终于想通了呢！”老公微笑着告诉我。

我的内心燃起了一丝希望：“她怎么说的呢？她决定和他分手了吗？”

“他们最后到底分没分手，我可不能确定。但我听到她很坚决地说：你不要再来找我了，我再也不会理你。说完她就把电话挂了，动作很果断。”

我仿佛看到了那个画面，她把头转向窗外，似乎在暗下决心。公交车开得摇摇晃晃，窗外的路灯不断闪过，照着她的脸忽明忽暗。她把视线转向窗外，也许在用手擦拭眼角的泪水。我仿佛能感受到她被感情伤害得千疮百孔的心，我发自内心地希望这是她的真心话，这次千万不要回头。

也许就在今天，她会选择切断过去，此后的一切会发生巨大变化。但是也许她会考虑到种种原因，最后又一次选择回头，然后经历我想象中所有不好的事情。无论她选择哪一条路，我都能理解她。人生的许多决定都是两难的，就像那忽明忽暗的路灯一样，未来的路总是处于黑暗中。但我愿意相信她是个心智成熟、情绪稳定的成年人，她会做出正确的选择。

王尔德说：“爱自己，是终生浪漫的开始。”当你试着去爱自己的时候，你会发现自己不愿意继续委屈自己，不愿意自欺欺人。你会拥有极大的勇气去和错误的人说再见，也有信心去追求新的生活。

但愿所有处于两性关系中的女生都能够关爱自己，并且保持清醒的头脑。只有这样，你才会发现，原来你不必承受如此多的痛苦。我希望这个故事里的陌生人越来越好，未来不要再遭受这些痛苦的事情。

外国小哥求爱记

“我斜对面坐着一个很漂亮的女孩，我猜她可能是单身！”我们正吃着墨西哥卷饼时，对面的外国小哥低声说。他是我老公的同事，非洲人，今年二十三岁，至今没谈过恋爱。

他呢，特别想找个女朋友，结束单身生活。二十三岁！多么美好的年纪，完全不用着急。不过年轻人荷尔蒙丰富，情感又充沛，总是渴望拥有美好的亲密关系，对此我表示特别理解。

我偷偷回头看了眼小哥张望的地方，果然在靠墙处坐着一个女孩。她独自一人，桌上放着笔记本电脑，貌似在埋头学习。她留着长长的淡金色头发，嘴唇看上去很苍白。虽然是素颜，但还是难以掩藏她的美丽。我突然想起一句诗：“人群中这些面孔幽灵一般显现，湿漉漉的黑色枝条上花瓣数点。”

“你怎么知道她是单身？”我问他。

“今天是什么日子？情人节呀，你们看看周围都是情侣！她却没人陪伴，多半和我一样是单身。”非洲小哥信誓旦旦地说。

我咬了口饼说：“听你这么一说挺有道理的，我也觉得她是单身。”其实我说这句话，完全是为了哄他开心。

“你也这样想吗？你怎么知道她是单身的？”非洲小哥一脸激动，我的话仿佛给了他莫大的支持。

我思考片刻，编造出一个理由：“我看她一直沉迷学习，可能是个学霸，估计没有时间谈恋爱。”

他竟然对我这个蹩脚的理由很满意，频频点头表示赞同。他又不停地偷看她，感觉整个眼珠子都突出来，一动不动地盯在女孩身上。

“低调点，不要一直盯着她看。”我提醒他，“我觉得她是个羞涩内向的女孩，可能不喜欢别人一直盯着她看。”从她身上散发的气质来看，她在感情中应该属于沉默被动的类型。

非洲小哥咧嘴笑了笑说：“我也是害羞的男孩呢！”这句话我是一点都不相信，他看起来热情四射的。当然，我知道人的性格是很复杂的，谁也说不准，也许他外表看上去开朗，内心却异常羞涩呢。

他和我们聊天的时候，眼神还是控制不住地飘向女孩。我们看他心神不定的，于是鼓励他说：“如果你对她有意思，可以试着去要她的电话呀。这样后面可以慢慢加深了解，说不定能成功呢！”

其实刚开始我们只是说说而已，我觉得他不敢去和女孩搭讪。因为如果是我的话，我是绝对没有这种勇气的。和异性搭讪这种事情，如果被拒绝的话，自尊心肯定会受到伤害。但看到非洲小哥蠢蠢欲动的样子，我们觉得多鼓励他也是好的。

他深呼吸片刻后，竟然站起来，鼓起勇气准备去搭讪。我们不约而同地瞪大了眼睛，看着他缓缓走到女孩面前，背对着我们。距离有点远，我竖起耳朵也听不清楚他们在聊什么。原本以为搭讪很快就会结束，没想到他竟然坐在女孩的斜对面。我心中赞叹道："不得了，这个小伙子比我想象中要更加有勇气呀。"

他们聊了挺长时间，我瞧见女孩脸上露出了笑容，虽然这笑容中隐藏着礼貌的距离感，不过肯定没有直接拒绝。就在我们期待他带来好消息的时候，他垂头丧气地回来了。

"怎么样呀？她怎么说的呀？她是单身吗？"我们关切地询问他。

他深深叹了一口气，伤心地说："我没来得及问她，现在我感觉很难受。"他用双手捂住眼睛，竭力想抑制即将涌出的泪水。

"别难过，这是不错的尝试，毕竟是你第一次搭讪，就当是积累经验！"朋友安慰他。

他摇摇头，难过地说："这不是我第一次被拒绝，我已经被拒绝过太多次了。也许她们不喜欢我们这种有色人种。"他大大的眼睛里流露出一丝自卑感。

那一瞬间我们真挺心疼他的，非洲小哥的求爱之旅竟然充满了挫折。我认为每一个人都有资格去追求爱情，种族、肤色、性别，不应该成为被拒绝的理由。看着眼前这个年轻男孩，承受着被拒绝的打击，真担心他会因此质疑自己的价值。

"你已经很棒了，非常有勇气。你看我们几个，都不敢去和陌生人搭讪的。相信自己，你一定会找到属于自己的爱情的！"大家你一言我一语安慰他，他的情绪也很快就恢复了。其实我挺欣赏这种真性情的男孩，他的感情非常外露，难过和开心之情都写在脸上，这是属于年轻人特有的纯真。

吃完饭，我们起身离开，我看见一个高个子男生端着一盘快餐，也朝那个女孩走去。我小声说道：“快看，又有一个人去找她搭讪，看来她很受欢迎呀！”

结果他亲昵地递给女孩那盘食物，女孩接过之后，俩人并肩坐着，边吃边聊起来。原来那个高个子男生是她的男朋友。

非洲小哥也看到了这一幕，松了一口气，微笑着说：“原来她有男朋友了，看来我们都推断错误。不过我现在突然感觉好多了，不像刚才那么伤心。如果她没有男朋友的话，也许她会考虑我呢！”

看着他的脸上又露出灿烂的笑容，我很欣慰。年轻人的心态真好，追求爱情时遇到的挫折，其实不必放在心上。说实话我很欣赏他的勇气，他敢于克服内心的恐惧，还能战胜被拒绝的痛苦。他勇于尝试，就算是失败了，最后也能一笑而过。这样的男孩子，相信他在将来，一定会遇到命中注定的那个女孩！

婚姻生活幸福的小秘密

每个人成年后，都可能面临两个重大的决定：你将如何谋生？你将选择一个什么样的人生伴侣？这两个决定将深深改变人的一生，影响人的幸福、收入和健康。这两个决定可能造就你，也可能毁灭你。

曾经我一度以为幸福快乐的婚姻关系只是文学作品里的虚幻描述。幸好命运对我没有那么残酷，我遇到了一个非常优秀的伴侣。我们相恋五年，步入婚姻殿堂四年，到明年三月份，我们即将携手共度十年。我们相处的时光还不算长，但是这段婚姻生活让我相信，幸福快乐的家庭生活是存在的。

我和我老公的相遇非常有戏剧性。当时我刚进大学，一心想着加入学生会。在社团面试的时候，我看到一个男生在人群中特别亮眼，就像聚光灯全部打在他的身上一样，我无法将视线移开。我心里想，一定要加入他所在的部门，结果他是网络信息部的。我一个电脑白痴硬着头皮提交了简历，结果他竟然让我通过了。后来我们就顺其自然互动起来，我也继续发挥厚脸皮的精神把他追到手。至今他也不承认对我是一见钟情，不过我记得面试的场景，他看着我的眼神，就像我们早就认识了一样。

有人说："婚姻是爱情的坟墓。"我觉得说这句话的人既不懂爱情，也不懂婚姻。婚姻不是爱情的坟墓，而是爱情的另外一种形式，是爱情的新阶段。婚姻比爱情更加复杂，正如哲人所说："快乐的婚姻，很少是机会的产物，他们如同建筑物，必须是有理智的，用心去设计过的。"任何关系的维护都需要投入时间和精力，在婚姻中，夫妻双方的关系也需要用心维护。

你也许会说："爱情在婚姻中并不重要，很多夫妻之间都没有爱，日子也照样过着。"我觉得这是没有遇到爱情的人用来自我欺骗的借口。爱情是奢侈品，不是人人都能拥有的。我见过的所有幸福快乐的婚姻，最基本的要求就是有爱。爱是一眼就能看穿的，是旁人立刻就可以感知到的。

爱存在于两个人的眼睛里，紧握的双手上，软绵绵的话语上。貌合神离的夫妻我也见过太多，两个人的感情很浅，却因为婚姻被束缚在了一起，甚至逐渐产生了相互怨恨的心态。如果你有幸进入有爱的婚姻，也记得要好好维护。

夫妻之间如果想保持长期互相吸引，必须要聊得来，随时随地可以分享自己的经历和想法。聊得来，家里就会有欢声笑语。我和老公之间现在就有聊不完的话，虽然刚开始并没有那么多共同语言，但是我们可以去创造话题，试着去了解对方的兴趣爱好。

老公特别喜欢摄影，虽然我对摄影一窍不通，但是我也会去看摄影类的书籍，了解相机的构造，学习如何使用软件处理照片等。我喜欢看书写文章，每一次写完文章都第一时间分享给他，他会认真阅读，并且给我中肯的意见。这样，我们不仅拥有了共同的话题，而且能相互学习和进步。

夫妻之间一定要拥有共同的兴趣爱好，要对彼此的世界感兴趣。著名学者杨绛在《我们仨》里提到，他们夫妻俩酷爱读书，经常是面对面坐着读书。钱锺书空闲时还会教她写诗，虽然杨绛认为自己并没有天赋。他们之间有说不完的话、写不完的信，生活中的点点滴滴都要相互分享。两个人融合得越深，外面的人就越难以闯进来。

多给生活增加一些仪式感，女生也可以主动点。在相爱九周年纪念日时，我订了一束鲜花寄到他的办公室，并且附上卡片："暗恋你九年的人。"他当然知道是我，还发了朋友圈，炫耀说收到美女送的花。朋友们都很好奇到底是谁送的，还有人让我小心点情敌。我们俩都被对方的小伎俩逗乐了。很多人觉得奇怪，为什么要买花送给男人？不都是男人送花给女人吗？因为每个人的个性不同呀，我的老公是一个文艺的爱花人，为什么不能投其所好呢？女人也可以主动表示自己的爱意，不要一直等着老公送礼物给自己哦！

夫妻之间还可以设计出属于自己的节日，我们在春天会选择一天去公园野餐，称为"Picnic Day"；睡觉之前一定要互道晚安；他还专门制定了"夫妻相处守则"，明确要求吵架不能过夜，必须当天解决或者遗忘的规则等。其实不要拘泥于世俗之见，你可以开发出独特的夫妻相处之道。

夫妻之间要真诚地欣赏对方。没有人喜欢被批评，"使许多罗曼之梦撞击离婚礁石的一个原因，就是批评——无用的，令人心碎的批评”。更好的方法是真诚地欣赏对方。

我还记得刚刚结婚的时候，老公热情满满地做菜给我吃。偶尔有一次他炒菜忘记加盐，当时我批评了他，他的脸色有些难看，也渐渐失去了烹饪的积极性。后来我改变策略，每一次都真诚称赞他。这样一来，他的厨艺越来越好，而我也可以享用美味佳肴，何乐而不为呢？

不要试图改造对方，这一条毫无疑问是真理。我父母几十年的婚姻生活告诉我，想要改变一个人几乎不可能。你想强迫一个没有事业心的男人去拼搏奋斗，那还不如直接等着天上掉馅饼来得实际。你想让粗枝大叶的人变得细心谨慎，也是不可能的任务。俗话说：“江山易改，本性难移。”人连改变自己都异常困难，还幻想着改变别人，那更是难上加难。所以，不要总是幻想着改造对方，尊重对方的选择，相信人都会自己成长。

在家我很少下厨，老公会心甘情愿地把饭做好给我吃。他从来不责怪我，因为每个人都有自己的长处和短板，我并不是个好厨师，但是我可以在其他方面发挥才能。何必拘泥于传统家庭形式，认为女人一定要“上得厅堂、下得厨房”呢？现在这个社会，越来越多的男性也开始承担起了家务。

不要做性知识的文盲，主动掌握丰富的性知识。很多女性受到传统文化的束缚，认为女性不应该在性方面主动，甚至不敢去了解太多性方面的知识。但是美国科学家的研究表明：性是生活中重要的问题，也是可能造成男女关系破裂的因素。所以，无论男女，都不要成为婚姻中的文盲，可以去了解性方面的知识。保持性关系和谐，有利于促进婚姻关系的长久。

比如，在夏天的时候去野外玩耍，不自觉就会来了兴致。在家里看一部电影喝点红酒，酒后头昏沉沉的，但是感觉会更放松些。偶尔还可以去民宿或者温泉酒店，营造新鲜感。在家里多放些玫瑰花瓣，穿一套新买的性感睡衣，点燃蜡烛助兴等。

不过这些幸福生活的前提，就是选择正确的结婚对象，这样，后面的相处之道才有用武之地，千万不可盲目进入婚姻。婚前你不喜欢的人，婚后也很难培养出感情。婚前不能接受的生活习惯，婚后也不要幻想着改变对方。婚前要了解对方的价值观、家庭背景、生活习惯和人生追求等，如果这些最基本的东西不搞清楚，就盲目进入婚姻，后面只能自食苦果。

如果你问我如何选择正确的对象，我只能告诉你，生活没有标准答案，只能用心去感受，随心而动。三毛对荷西说过的情话中，有一句我很中意："如果我不喜欢，百万富翁我也不嫁。如果我喜欢，千万富翁也嫁。"对我而言呢，如果我爱你，你不够优秀也没关系呀。

让我们一起成为靠谱的人

当年在大学的课堂上，我最崇拜的李教授和大家聊起找对象的话题。他特意问我们女生："你们找对象的话，最看重对方身上的什么品质呢？"班上的女同学都议论纷纷，每个人看重的点各不相同。有人豪放地回答要找有钱的，惹得大家哄堂大笑。还有女生高喊要找聪明有智慧的。当然也有很多宣称要找对自己好的。他听完以后微微一笑，只说应该找个"靠谱"的。

他只留下"靠谱"二字，下课铃就响起来。他没有时间去详细解释，只是给我们布置了课后作业："你们课后可以思考一下，到底什么样的人才是靠谱的。"

他的话让我们每个人都一头雾水，大家都在思考，到底什么样的人才能算是靠谱的人，为什么选择对象的时候，要找靠谱的人呢？

当天好多男生的网络状态更新成："当个靠谱的人"，而很多女生的网络状态是：“找个靠谱的人。”不过当时的我不理解，到底什么样的人，才算是靠谱的人呢？

在遇到许多人，经历过许多不靠谱的事情之后，我终于能理解为什么要和靠谱的人相处。和不靠谱的人相处，实在是太麻烦、太不省心。你会整天提心吊胆的，似乎很难把心沉在肚子里面，总是担心会有意外发生。也许是答应好的事情突然转变主意，也许是出差忘记带身份证，甚至买票也能买错。生活中这些小小的意外总是在不断发生，而大部分原因是这个人本身不靠谱。

判断一个人是否靠谱，和他的性别、年龄、家庭出身都无关。我从来不说“男人都不靠谱”“小孩子都不靠谱”这样的话。实际上，有些“熊大人”比小朋友还不靠谱得多。

在职场中，我遇到过许多不靠谱的人，比如喜欢找各种借口拖延，总是不能按时提交材料的；总是不能在法定假日之前完成工作，一定要在休息日的时候麻烦同事的；之前商量好的事情，临时改变主意的。甚至还有同事在集体出游时迟到，让所有人在车上等待。这样的人无处不在，职场上遇到这样的人，也只能想办法去适应。

职场上和不靠谱的人打交道无法避免，但是我们选择交往对象的时候，可以把不靠谱的家伙排除掉。

其实大部分人的性格，都在靠谱和不靠谱之间徘徊，时而靠谱，时而马虎。只有极少数的人拥有稳定靠谱的个性。靠谱是一种难能可贵的品质，无法用单一的词汇来描述。它包含许多美好的品质，包括诚信、可靠、值得信赖和托付等。一个靠谱的人，总是能让人感觉安心，仿佛只要他在，什么问题都能克服。

不过我觉得，与其苦苦寻找一个靠谱的对象，还不如努力把自己修炼成为靠谱的人。靠谱的人，总能识别出自己的同类。

经过观察，我总结出靠谱的人具备的一些品质，不一定全面，只是我的个人想法。

第一条：情绪比较稳定。

情绪稳定是成熟的人类必须具备的品质。当然，年轻人因为荷尔蒙的缘故，情绪有时如同过山车一般上下起伏，这是很正常的。但是如果随着年龄的增长，还是无法控制自己的情绪，沦为情绪的奴隶，这样的人多半行为上也是不靠谱的。被情绪控制的人，如何能保持冷静思考呢？生气时做出的决定，多半是不合理的。“冲动是魔鬼”这句名言还是有一定道理的。而当你和靠谱的人沟通时，永远不会担心对方的情绪失控。

第二条：比较理智，看待问题深思熟虑，三思而后行。

靠谱的人做事情的时候，一般会做两手准备，防止意外的情况发生。靠谱的人，不会冲动行事，做事之前深思熟虑，三思而后行。他们对生活中的各种问题都胸有成竹，面对突发事件有妥善的应对方案。

第三条：时间观念非常强。

时间就是金钱，浪费自己的时间可以，但是绝对不能浪费别人的时间。我讨厌一切迟到行为，也讨厌拖延，因为迟到和拖延都是没有时间观念的体现。我还想再强调一点，时间观念没有男女之分。很多女生认为让男生等待是天经地义的事情，所以她们在和男朋友谈恋爱的时候，经常让男朋友等上半个小时甚至一个小时，自己在楼上慢悠悠地化妆打扮。其实这样的行为，一次两次可以说是小小情趣，次数多就显得有些不靠谱了。

第四条：信守承诺。

这一条不是老生常谈，诚信在未来会比钱还宝贵。信守承诺体现在方方面面，工作方面要有契约精神，答应别人的事情要努力做到。如果遇到困难无法搞定的话，也可以提前告知。为人处世也要讲诚信，不欺骗别人，不做伤天害理的事情。这里要提一句，那些欠钱不还的老赖，绝对是不靠谱的人，一定要远离。

现在很流行在婚前查对方的信用记录，这样可以一目了然，知道对方的信用情况。我觉得步入婚姻确实需要谨慎，否则遇到不靠谱的人，就可能会遭遇丈夫在外赌钱，把债务转移到妻子身上的人间悲剧。不过我觉得判断一个人是否诚信，根本不用特意去查信用记录，从生活中的小细节入手即可。一个满口谎言但永远不履行承诺的人，还有什么诚信可言呢？

第五条：态度认真。

认真对待生活，生活才会对你好。靠谱的人都在认认真真地生活，他们不会糊弄生活，因为他们知道，生活永远不能被糊弄。不靠谱的人对待事情总是抱着马虎的心态，认为很多事情都可以糊弄了事。糊弄一次两次可以，如果一直糊弄的话，生活也会糊弄你。认真地对待生活中的人和事物，认真打理好日常的点点滴滴，你会发现一切都在慢慢地变得顺利起来。

你是一个靠谱的人吗？这个问题的答案可不是由你自己说了算，而是要让身边人来评价。我是不敢吹嘘自己百分之百靠谱，因为有些时候还是会粗心大意。我们每个人都应朝着靠谱的方向不断努力，争取让自己成为一个靠得住的人、一个诚信的人、一个值得信赖的人。

第五章

身为女性，
需要面对的特殊课题

看似温柔的陷阱

我相信很多女性听过这样一句话："对女人来说，干什么都不如嫁个好老公。"我至今还记得在我考上大学的谢师宴上，数学老师握着我的手，语重心长地对我说："到了大学抓紧找个好对象，对女孩子来说，嫁得好是最重要的。"

透过她的眼睛，我意识到她对这个观点坚信不疑。数学老师是位中年女性，她的家庭生活很幸福，事业也很成功，她是特级教师。我没想到她传授给我的宝贵的人生经验，竟然是这样一句话。我清楚婚姻大事绝对不能儿戏，但是她的话依然让我感到费解，女性的价值如果全部通过嫁人来衡量，那她们其他的价值要怎么去体现呢？

现在社会有这样一种言论："一个女人再怎么优秀都没用，没有男人要就是一文不值。"甚至女性之间相互诋毁的时候，也常常用"没有男人要"这样的话。这句话简直就是撒手锏，只要一说出来，未婚的女性立刻低人一等，而已婚的女人瞬间觉得自己身上的光环又亮了一些。

我不同意用结婚与否来衡量女性的价值，我更反对用老公的价值来衡量一个女人。女性作为独立的个体，她的价值高低与是否嫁人无关。女性应该和男性一样，使用同样的社会价值衡量体系。

但是，女性很容易陷入温柔的陷阱中。西蒙娜·波伏娃在《第二性》中提到："男人的极大幸运在于不论在成年还是小时候，他必须踏上一条极为艰苦的道路，不过这是一条最可靠的道路；女人的不幸则在于被几乎不可抗拒的诱惑包围着，她不被要求奋发向上，只被鼓励滑下去到达极乐。当她发觉自己被海市蜃楼愚弄时，通常为时太晚，她的力量在失败的冒险中已被耗尽。"

女性总是被鼓励去走那条看似容易的道路，但是其实这条路上充满了陷阱。上学的时候，每天绞尽脑汁学习非常痛苦。世界上有成千上万的女孩相信这样的观点："女孩子迟早都是要嫁人的，学习不用太努力，学历也不用太高。"甚至很多女孩觉得辍学去打工比较轻松自由，不用在学校里受苦，打工的日子还有钱赚。实际情况呢？进入社会以后才发现，打工的日子更加难熬。再加上没有学历和背景，大半辈子都只能从事劳动价值不高的工作，甚至很多社会福利也难以享受到。

其实波伏娃指出的两条路，对女性而言很简单，一种是顺从环境，为了能嫁一个优质的对象，屈从于社会给予女性的束缚与刻板印象。另一种就是相对困难的道路，是尽力证明自己的劳动价值，按照男性的方式去获得岗位本身的认可。然而令人痛苦的是，男性主导的劳动体系会漠视甚至蔑视女性的劳动价值，这一证明过程会极其艰难。

这两条路在女性面前缓缓展开，一条路上开满了粉红色的鲜花，空气中飘浮着着柔情的泡沫。而另外一条路陡峭万分，荆棘丛生。如果你选择走那条看似容易的路，最后你会落入人生的陷阱，你一点点放弃自身的力量，把自己依附在别人身上。

如果你能透过现象看清楚本质，你会明白，越是难攀爬的路，尽头的风景就越是美丽。

其实在结婚以后的一段时间，我也陷入看似温柔的陷阱里。只有两条路都尝试过的人才会明白，那条不断自我提升、不断努力的道路是多么艰难，而另外一条放弃自我之路又是多么诱人。

我不得不承认自己嫁了一个很不错的老公，他的前途一片光明。身边有很多朋友暗中羡慕我，特别是女性朋友们。她们觉得我能拥有一个好老公，人生就完美了，再也不用担心任何事情。可是我的内心永远藏着隐隐约约的不安，虽然我不清楚这种不安全感的源头。直到有一天，我们和他的导师，一位非常杰出的科学家聊天。她直截了当地问我："你的人生规划是什么？你有什么打算？"

当我听到她的问题的时候，我的头脑里是一片空白的，因为很少有人问我这个问题。在大部分人的观念里，好像默认女性不需要太努力，不需要给自己太大压力，只要全心全意去帮助老公获得成功，妻子也就自然跟着沾光了。

可是，现在有个现实的问题摆在眼前，老公获得的东西是我的吗？他获得的学历、名誉、地位，真的和我有关系吗？这些东西永远只能属于他，而我当然会从心底替他高兴，但是这些东西只能被他拥有，它们是无法分享的。因为这都是他付出艰苦努力取得的，这才是事情的真相。他爱我，愿意和我分享，那非常好。但是我必须看清楚现实，我和他永远是独立的两个人。我是个独立的人，我的称呼不能变成为“谁的老婆”。

在杨绛写的《我们仨》里有这样一个桥段，有一次钱锺书被派去做“世界青年大会”的代表，杨绛也刚好当选“世界青年大会”的共产党代表，于是她和钱锺书一起去瑞士开会。她特别强调说：“我有自己的身份，不是跟去的。”她说自己不愿依靠另一半获得荣光，实际上她也确实做到了。杨绛是著名的作家、文学翻译家和外国文学研究家，“钱锺书夫人”只是她众多称号中的一个而已。

像杨绛这样强调自己独立的身份，不愿意依附丈夫的女性大有人在。我认识一位教授夫人，她才貌双全，情商和智商双高，和她相处起来让人感觉如沐春风，非常舒适。她也有自己的追求，不仅把家庭打理得井井有条，还是企业中的高管，是猎头挖掘的对象。她常常和我聊天，时不时会对我说：“你的时间也很宝贵，要好好利用自己时间。”我想也许是因为她看出了我的自我放弃吧。

在很长一段时间里，我都是闭着眼睛混日子，虚度光阴。但是闲暇的时光让我莫名心慌，因为我清清楚楚地知道自己在浪费时间，但我就是不愿意拿起书看一看，或者去学习点新的技能。

为了缓解焦虑，我会选择做家务，一遍又一遍重复地打扫卫生。我甚至这样安慰自己：“我没有荒废时间，至少我还是把家里打扫得干干净净。”现在我终于醒悟，原来做家务是我逃避自己提升的借口。我根本不爱做家务，而且从做家务中得不到任何成就感。

生活如同逆水行舟，不进则退。这个世界上从来不存在一条轻松容易的路。女性更要时刻提醒自己，不要选择那条看似轻松的道路，因为它布满了温柔的陷阱。也许目前还情况良好，但是最后的结局很难让人满意。

女性的时间也同样宝贵，如果可以用来提升自己，那是再好不过了。社会看似对女性要求不高，女性比较轻松，其实有得必有失。男性因为压力大、社会对他们的期望和要求都高，所以他们从小就习惯了努力去争取。而女性往往被诱惑着闭上眼睛过日子，最后一无所获。

当我走在那条看似温柔的路上时，其实内心并不踏实。现在我终于意识到真正的原因，因为当我们闭上眼睛混日子，把未来寄托在别人身上，这就相当于把生活的主动权交给了别人，我们只能处于被动的位置。

女性们要时刻保持警惕，拒绝身边的诱惑，而要发奋努力。只有这条艰难的路，才能让你内心更加充实，才能让你独立站在这个世界上。我相信，面对这个残酷的世界，我们自己把握主动权，一切会更好。

神奇女博士

这段时间因为机缘巧合，我结交了几个新朋友，因为所处环境的缘故，她们有个共同点，就是清一色的女博士。

有时，社会上对“女博士”的评价并不好，常见的论调有“女博士”是第三种性别，“女博士”情商低、性格古怪、不好相处等。而实际上，当我从旁观者的视角去观察她们时，我发现她们中的很多人彻底颠覆了社会上对她们的刻板印象，她们身上有许多优良的品质。而这一切对她们而言，就像呼吸一样自然。

❧ 颜值与智商双高

首先，她们从外表上就颠覆了我的一个刻板印象：“理工科女生都比较朴素，不喜欢打扮，对外貌没有什么追求，素面朝天。”不知道你有没有这种刻板印象呢？

当时我先在朋友圈里认识 Joyce，我很好奇地把她朋友圈翻看了一遍。从她朋友圈里的照片来看，几乎张张妆容精致，搭配得体，发型也很漂亮，整个人闪闪发光的样子。她的女儿今年已经六岁了，而她完完全全就是一个辣妈。更让我惊讶的是，她竟然是哈佛的物理学博士。说实话，她完全颠覆了我对“物理学博士”的认知。

后来我又认识了隔壁邻居小天，她也是工科博士。某天一大早，我披头散发出门去倒垃圾，正好遇到她去上班。她打扮得美美的，还涂着红色的口红，看上去活力满满。

后来我和另外一位博士朋友聊天的时候，半开玩笑地说：“你们科学家不应该打扮得朴素一点吗？你看看影视剧里，科学家都是一副不修边幅的样子。”

她微微一笑说：“我觉得这种观点是不对的，应该改掉，其实科学家也是可以打扮得光鲜亮丽的。”看着她穿着一条修身的玫瑰花连衣裙，搭配黑色细高跟鞋，整个人充满知性又有气质。

虽然我自己不怎么爱打扮，但我十分佩服那些把自己打扮得漂亮的女性们，因为我知道要维持这样精致的形象，需要投入多少时间和精力。女博士们并不是一群不修边幅的群体，其中有很多漂亮的姑娘，她们不仅智商高，颜值也很高。

❧ 精力旺盛，身体素质非常好

上天如此不公平，为什么这群家伙像永动机一样不停歇，精力如此旺盛？我自己精力不足，喜欢静止的生活方式，在运动方面也不那么热衷，因此我总是容易感到疲惫。但是她们的共同特点就是精力充沛。她们待机时间特别长，每天早上七点左右起床，一直待机到晚上十二点，看起来还是活力四射。说真的，人和人之间的精力差距实在是太大，简直像无法跨越的鸿沟。

我问她们是如何做到维持精力充沛的，她们告诉我的秘诀很简单，定期运动。精力旺盛和身体素质，两者是相辅相成的。通过锻炼，真的可以提升身体素质，让人精力更加充沛。而且我在一篇科学杂志上了解到：运动和社交可以让人的大脑变得更加聪明。

不过话说回来，我的这三位朋友都是运动爱好者。其中两个定期去健身房健身，还有一个喜欢徒步旅行。上次我和其中一位出门旅游，当天在大太阳底下走了十几公里。第二天，我直挺挺地躺在床上，身体不能动弹，双腿像灌了铅一样沉重。

而她竟然说："昨天的运动量确实有点大，今天我就在跑步机上慢跑一下即可，不剧烈运动了。"听她轻描淡写说出这句话，我又用手揉了揉自己酸痛的腿部肌肉，内心呐喊道："同样都是女人，差距怎么这么大呢？"

随着年龄的增长，我不得不承认精力和体力的重要性。当我们想要实现自己的目标，或者获得内心中真正渴望的东西时，还是需要一定的体力和精力的。没有体力和精力作为支撑，我们很难完成那些艰巨的任务。如果运动可以让人的精力更加充沛，我们确实都应该考虑定期运动。

对这个世界抱有一颗好奇心

在和她们相处的过程中，我又发现她们的一个隐藏的共同点，都属于闲不住的类型。她们对这个世界充满了好奇，而且兴趣很广泛。

周末的时候，Joyce 经常带着女儿去博物馆看展览，去农场看小动物，或者去采摘苹果，接触大自然。小天会出去徒步锻炼，或者参加社交活动，结识新的朋友。另外一位朋友是旅游爱好者，喜欢自驾去公园里露营。她们把每天的生活安排得满满当当，时不时就出门探索新鲜事物。

和她们在一起，总有很多新鲜的话题可以聊。她们会和我分享生活中遇到的各种有意思的事情，还有特别的故事。我发现面对同一个世界，拥有好奇心的人，仿佛比别人多长了一双眼睛似的，总是能观察到更多的细节，可以发现被别人忽视的东西。

她们的口头禅是“不会可以学”

说来惭愧，我是畏难情绪比较严重的人，面对新挑战的时候，总是担心自己不会、自己做不到之类。但是她们不约而同对我说过同样一句话：“不会可以学。”在她们的心里，没有什么东西是不能学会的，只要你用心去学习，肯花费时间和精力，最后就一定能学会。

其实很多事情并不是学不会、做不到，而是我们在面对困难的时候因为害怕而退缩，自我设限，自己不相信自己。现在我也学着告诉自己：“不会可以学习，没关系的。人就应该保持终身学习的态度。”

乔布斯说：“求知若渴，虚心若愚。”我觉得不断学习、自我教育，这是一种有意思的生活方式。即使从学校里毕业，也不能停滞不前，可以尝试去学习自己感兴趣的内容。

智商高的人都情商低吗

我经常看到这样的言论：“高智商的人情商都比较低。”甚至在美剧《生活大爆炸》里，也把一群科学家塑造成情商很低的样子。

我和这一群女博士接触下来，感觉非常舒适，她们的情商可以说很高。她们有很强的情绪调节能力、对抗压力的能力、独立生活的能力、维护人际关系的能力等。

至于给人情商低的印象，多半是因为她们清楚自己要什么，所以对不在意的事情，就没有投入太多精力。越是目标明确的人，就越是坚持自我，保持本色，有时候会让人觉得他们特立独行，与其他人格格不入。

在社会上坚持做自己，从来不是件容易的事情，一不留神就会被扣上“情商低”的帽子。不过她们不在意别人怎么说，因为一旦认清楚世俗评价的片面性，也就不必放在心上了。

我们在交往的过程中，都会保持着恰当的边界和距离。大家聊天的时候，也从来不会故意“哪壶不开提哪壶”，聊那些让人难堪的话题，更不会开不合时宜的玩笑。我觉得这种社交很舒适，远比那些所谓的“会做人”式社交有意思得多。

找到自己热爱的事情很重要

她们身上最让我欣赏之处，就是她们清楚地知道自己喜欢什么，热爱什么。每一次聊起专业话题的时候，她们的眼睛里都闪着光芒，而且是一脸满足的样子。

我半信半疑地问她们：“你们是发自内心喜欢现在研究的专业和课题吗？”

她们毫不犹豫地回答说：“当然啦，我觉得这些研究特别有意思。否则科研生活那么枯燥，我怎么可能坚持这么久，都是因为热爱啊！”

正如乔布斯所言："每一次失去信心的时候，我很清楚唯一能让我坚持下去的动力，是我热爱我所做的事情。每一个人都要找到自己热爱的事物，如果你现在还没有找到，那么就继续找，不要停下来，用心去寻觅。当你找到时，你会知道的。"

热爱可抵岁月漫长，我们一定要找到自己热爱的事情，然后踏踏实实把它做好，在遇到困难的时候不要逃避，去面对它。

当然，女博士的生活也不可能一帆风顺，她们也有着自己的苦恼。不过在我看来，这群保持着蓬勃的生命力。努力去生活、奋力去探索的女性们，她们的存在对我而言就是一种激励。很多我做不到的事情，我知道有一群优秀的女性还努力在做着。她们没有放弃，那么我们也不应该轻易选择放弃。她们的一言一行给我诸多启发，也让我增添了对生活的勇气。

小学毕业的母亲说她是个女权主义者

节假日回家，母亲又在厨房里忙忙碌碌，为我准备丰盛的午餐。我在旁边看着她把姜蒜花椒等调料倒入油锅里，噼里啪啦的声音像是它们在愉快地唱着歌。她灵巧地翻动着锅里的小龙虾，瞬间周围香气四溢，我又有点控制不住想流口水。

她一边炒菜一边和我聊天，我们母女之间无话不谈，特别是我结婚以后，她也开始和我聊起很多成年人需要面对的沉重话题。

在聊到婚姻问题的时候，她突然冒出一句："要知道我可是个女权主义者，我看不惯女人在婚姻中被欺负。"听她说出这句话，我当场就爆笑不止，她到底是从哪里看到女权主义者这个词的？她看我笑，连忙解释说："别看你妈年纪大，我可是很先进的，想法观点很超前的！"

我不是嘲笑她说自己是女权主义者，而是觉得这句话不像是从她口中说出来的，而应该是我们这些年轻人喜欢挂在嘴边的。我的母亲学历不高，小学毕业后，初中没读多久就辍学了。但是学历和知识水平并非完全挂钩，她平时喜欢看书，各种类型的书都会读一读，而且喜欢和人打交道，所以她的社会经验非常丰富。我常常想：如果社会是一所大学，那么我的母亲可以获得博士学位。

她在二十岁出头就步入婚姻，也就是这段婚姻，让她从一个单纯的少女变成现在的女权主义者。生活从来没有容易二字，如果你觉得容易，那只不过是有人在替你负重前行而已。母亲凭借自己的力量，在社会上摸爬滚打，努力撑起这个家。

我来分享母亲的一些想法和观点，有些我并不赞同，但有些还是非常有启发意义的。

关于教育与学习

她一直以来都特别重视我和姐姐的教育问题，因为她知道我们没有可以依靠的家庭背景，在一穷二白的家庭中，唯一能依靠的就是自己。她坚定地相信知识可以改变命运，所以从小到大都很重视我们姐妹俩的学业。她凭借一己之力包揽了所有家务，我和姐姐只需要把精力全部集中在学习上即可。如果我们的学习成绩下降，或者状态有所松懈的时候，她都会很严厉地批评我们。其实小时候我们不理解，甚至在心里怪过她：为什么对我们那么严格？

现在我才理解，原来她就是所谓的“虎妈”。虽然我们是女孩子，但是她也没有放松对我们的要求，甚至用更高的标准来要求我们。成年后，当我在社会上和男性同台竞争时，才发现男性的性别优势是巨大的，女性需要更加努力，更加出色，才能和他们站在同一起跑线上。

有些人宣扬学历不重要，对于一无所有、毫无背景的人而言，学历其实是很重要的。因为它是一块敲门砖，无论你是否愿意承认，这就是社会现实。有些机会你想去争取，就必须手握着学历这块敲门砖。

母亲还认为学无止境，要保持终身学习的习惯。她常常说：学习是一辈子的事情，除了在学校里学习书本上的知识，社会中的学问更是值得学习。我教会她使用各种手机软件，她竟然还照着网上的视频，学会了好多新的菜式。

除了我们姐妹俩，她还考虑起我们下一代的教育问题。我常常笑话她想得太远，下一代在哪里还不知道呢！不过她的想法是有道理的，持续学习是一种很棒的能力，能保持不断学习，让自己掌握更多知识和技能，面对这个瞬息万变的世界时，能够更加从容一点。

关于婚姻对象的选择

关于婚姻对象的选择，她特别强调门当户对，不过她认为的门当户对并不仅仅是金钱的问题，而是指生活习惯、饮食习惯、人生追求等都要般配。出生在背景相似的家庭中，两人的共同点会比较多，矛盾会减少很多，大家看问题的角度也差不多。

其实最开始的时候，我对她的“门当户对”的理论嗤之以鼻，觉得只要拥有爱情就足够了。但是现在发现，当初自己还是太天真了。爱情是非常重要的，但是它并不能解决生活中的所有矛盾。婚姻中的许多矛盾，根本不是什么原则性的问题，只是一些鸡毛蒜皮的小事。而恰恰就是这些看上去无关紧要的小事，一件一件累积起来，最后导致婚姻关系彻底破碎。

举个例子：卫生习惯的不同，就常常是导致夫妻争吵的源头。比如，你爱干净，每天都要洗澡，而偏偏你的老公不怎么讲卫生，经常不刷牙。你觉得他应该讲卫生，而他觉得这不算什么大事，是你太过较真，结果你们谁也说服不了谁。

其实这些生活习惯，全部都深深地刻着原生家庭的烙印，有些习惯甚至是一辈子都无法改变的。虽然说结婚后，这些生活习惯可以慢慢磨合，但是在磨合的过程中，许多感情也被磨灭了。

所以母亲建议，在选择对象的时候，一定要从生活细节入手，因为过日子，最后还是要落实在这些琐碎的事情上。当然，精神方面，三观一致是婚姻的基础，世界观、人生观、价值观要保持同步。精神方面契合之后，再考虑其他方面的内容。

关于女人的事业

关于女性是否应该拥有自己的事业，母亲的观点是比较多元化的。她尊重事业女性，但是也不会瞧不起家庭主妇。她的观点是：女人必须拥有自己的事业，这个事业不仅仅包括有收入来源的工作，家庭也可以成为女人事业的场所。

她下岗之后就没有工作，当了十几年的家庭主妇。但是她没有和社会脱节，也没有故步自封，没有人因为她是一名普通的家庭主妇而瞧不起她，反而因为她有想法而敬重她。

母亲认为，女人拥有自己的事业很重要，如果想做家庭主妇，也不是不可以。每个人都可以选择适合自己的道路，但是当你去选择的时候，需要考虑实际情况，也就是判断你的丈夫是否尊重家庭主妇，你丈夫的家庭是否尊重家庭主妇。

如果他们并不尊重家庭主妇，认为家庭主妇毫无地位，应该任劳任怨，像保姆一样做所有的事情，如果他们认为家庭主妇的辛苦劳动没有任何价值，没有创造经济来源，家里还多了一张嘴吃饭，生活在这样的家庭里，劝告你绝对不要当家庭主妇，一定要出去工作，否则未来的日子只会越来越惨。相反，如果你的家庭尊重你的劳动，并且感激你的付出，那么在这样的家庭，在经济条件允许的情况下，是可以做主妇的。

其实家务劳动的价值一直以来都没有受到重视，因为它没有太多成就感，也不能带来经济收益，因此许多女性的劳动付出就成了理所应当的义务，得不到应有的尊重。即使在电视剧中，我们也经常看到那些身无分文的家庭主妇，在伸手要生活费的时候，还要看老公和婆家的脸色，甚至还被冠上“黄脸婆”的称呼。

母亲认为，做家庭主妇不是一种退路，而是一种选择。如果因为不愿意在社会上拼搏，而认为当家庭主妇是一条容易的路，那就大错特错。管理家务不是容易的事情，世界上也同样存在着优秀的家庭主妇和差劲的家庭主妇。世界上大部分事情是相通的，一个人如果能力不足，把工作处理得一塌糊涂，退而求其次去当家庭主妇，也不会优秀到哪里去。

关于家务分工的态度

母亲认为做家务是很重要的，她不反对我学习做家务，特别是做菜，因为这些都是生活的必备技能。无论是独立生活，还是步入婚姻，都要好好照顾自己。这些技能可以让生活更美好。比如，饿的时候可以给自己做一碗热腾腾的面；家里收拾得干干净净，住着也舒服；每天都有整洁的衣服穿，人也清爽。这种看似简单的生活，其实都需要掌握基本的家务能力。

母亲认为男性应该分担家务。不过现实情况是，在很多男性心目中，家务活是女人的事情，所以无论女性有没有工作，家务活都让女人来做。一个女人在努力工作、赚钱养家的同时，还要承担家务和带孩子的重任。而男人可能下班后就坐在沙发上玩手机，什么事情都不干，这种行为完全就是对女性价值的剥削。

男女不平等无处不在，家庭生活中也充满着博弈。当初母亲还是一个懵懂无知的少女，也认为女性伺候男性是天经地义的事情，因为从古至今一直如此。现在她早就不相信那一套理论的洗脑，她的名言就是："我不是伺候你的老妈子。"

是呀，她的角色是多样的，除了是女儿、妻子、母亲外，更重要的是，她是她自己，是一个独立的个体。她应该在成为自己之后，再去扮演其他的社会角色。独立的女性可以承担起家庭中的责任，但是不可以成为婚姻中的奴隶。

关于离婚

既然讨论婚姻，必然离不开谈论离婚。本来我以为像她这种年纪的妇女，对待离婚的态度应该非常保守才对，但是没想到她思想还挺开放的。

现代社会对待离婚的态度正在发生着剧烈的变化，甚至可以说是翻天覆地的变化。曾经，离婚被看作一件丢人的事情，可是现在，离婚已经成为一种常见现象，大家也逐渐适应了。

母亲的观点也与时俱进，她觉得离婚没什么大不了的。她常说：

“婚姻需要好好经营，但是如果实在过不下去，离婚也不是不可以。现在这个世界，离了谁都能过。你老妈我永远是你们坚强的后盾，无论遇到什么问题，我都会支持你们。别怕，不要说什么担心被抛弃之类的傻话，千万不要依靠男人，无论是精神上还是物质上，一定要独立，最后只有自己是可靠的。”

这么多年来，母亲的那双眼睛看过太多事情，也经历了太多人生磨难，所以她对待婚姻的态度难免有些过于冷静和理智，不过这并非一件坏事。对我们这些年轻人来说，有些观点还是有参考价值的。而我对于她的“女权主义”最欣赏的一点，恰恰是她不断学习的人生态度，她的想法和观点都在不断与时俱进。

我想这应该是一种无可阻挡的趋势，越来越多的女性开始独立思考，开始觉醒，无论是什么年纪觉醒，都不算太迟。因此，每一个女性都可以成为女权主义者，当然也包括我这位学历不高、年过五十的母亲。

我是女司机，所以我注定开不好车吗?

我有一个奇怪的恐惧症，说出来挺可笑的，我不敢开车。其实几年前我就硬着头皮拿到驾照，但是一直不敢摸方向盘，不敢开车上路。我总是对自己说：“我是女的，我不能开车，我是马路杀手，开车太危险了。”

现在我生活在美国，没有车出门寸步难行，所以现实逼迫我必须要掌握开车这项技能。为了获得美国的驾照，我找了个教练带着我练车。

某天在练车的时候，我亲眼看到前面一辆汽车在转弯时，方向没有控制好，差点撞到马路边。我脱口而出：“把车开成这样，我猜前面的车里肯定是女司机。”我自以为开了个有趣的玩笑，关于“女司机是马路杀手”的笑话总能让人开怀一笑。

但是没想到的是，教练一脸疑惑地问我：“为什么这样说？”

他的态度和我预期中的完全不同，我以为他会附和说：“是啊，女司机都是马路杀手。”

他接着说：“我觉得车里不一定是女司机，可能是个新手，不太熟悉路况而已。”

听他说完之后，我体会到一种难以形容的羞愧，这句充满性别歧视的话竟然是从我自己的嘴里说出来。我不就是个女司机吗？我想听到别人这样评价自己吗？那么，我为什么会对女司机有这样根深蒂固的偏见呢？

这里我们就不得不提刻板印象、偏见和歧视的关系，我们的观念中对女司机形成了刻板印象，觉得女人开车技术都差。在社会环境的潜移默化中，我接受这种刻板印象的洗脑，甚至开始这样定义自己。刻板印象带来偏见，偏见表现在行为上就是歧视。

就这样，在不知不觉中，我在歧视女司机的同时，把自己也歧视了。这样的想法在一定程度上束缚住我，在我的脑海中，莫名其妙就产生了自我设限，总是担心自己开不好车，甚至严重到害怕开车。开车这件事本来只是个技能，我却总是要鼓起万分勇气才能上路。

我最害怕发生的事故就是“把油门当成刹车”。其实我不明白怎么会有人把油门当成刹车，但是相关的新闻报道层出不穷，都是用这样的标题“女司机把油门当成刹车，开入河中”或者“女司机把油门当成刹车，倒车的时候把丈夫撞死”。

社会新闻经常把这两个元素联系在一起：女司机 + 油门当成刹车。这样的标题一出肯定能吸引眼球，这种写法真是屡试不爽。在这些新闻里，仿佛只有女性的大脑才会搞混油门和刹车的关系。在这些新闻的影响下，我接受这样的错误观点：女性开车的时候，总是会把油门和刹车搞混。我还把这样的观点强加在自己身上：因为我是女性，所以我的大脑不够聪明，才会导致我把刹车和油门搞错。我不知道这样站不住脚的结论是如何成立的。

性别歧视真是无处不在，对我们的影响也很深，甚至有时候我们自己都毫无察觉。当我最开始看到新闻媒体上关于女司机的报道，作为一名女性，我也觉得遭到间接的伤害和羞辱，心里有些不满，想说两句，但懒得辩解，于是算了。

后来这样的报道层出不穷，“女司机开车技术差”开始成为一种社会观念。当这种观念深入人心，无法扭转时，我逐渐麻木，甚至习惯了这些说法。

再后来，我和所有人一起嘲笑那些女司机，我觉得反正说的不是我。从头到尾我都没有站出来说一句话，也许我觉得人微言轻，没有必要发声，所以就默默忍受。可是我知道，这种观念是错误的，每一位女性的发声都是有意义的。

此外，新手司机不擅长开车很正常，但是不要把这种不擅长归因于性别。

练车结束以后，我和教练闲聊起来。他提起自己的妻子时说：“她是一个非常好的司机，技术比我还好。”他看我脸上露出惊讶的表情，笑着说：“你只要多多练习，也会成为好司机的。”在他心里，认为开车技术好坏和性别没有任何关系。

如果我觉得自己目前开车技术不太好，我应该这样思考：“自己车技不熟练，可能是练习时间不够长，还需要多多练习。”而绝对不应该说：“我开车技术不好，因为我是一个女人。”

当我们面对困难，不愿意去克服的时候，常常会给自己找借口，而性别因素就是一个常用的借口。很多女生会说：“男性和女性的大脑结构不同，男性的方向感好，速度感也很好，所以男性天生会开车，女性不擅长开车。”其实问题的关键不在于男性和女性谁更擅长开车，而是女性为什么还没有行动起来，没有尝试，就直接选择放弃？

回家的路上，我和老公说起自己内心的疑虑，我说：“我总是觉得自己开不好车，因为我是女的。”

他惊讶地说：“这两者之间有什么关联？从来没有数据显示女性不擅长开车呀。开车又不是体力活，只是动动脑子，动动手和腿而已。你怎么会受这些观念束缚，你可是女权主义者哦！”

“你知道女性身上有多少束缚吗？这些想法就和女生都学不好数学一样。初高中的时候，哪个老师没说过这种话？这种话也会成为一种心理暗示，女孩子们会在潜意识里认为自己不行，所以还没有努力就放弃了。也许我可以努力挣脱这些错误的观念，尽量不受影响。但我们女性身上处处是枷锁，我们也一直在挣脱着，挣脱的过程是痛苦的，你明白吗？”

其实男女在刚出生的时候，是没有性别观念的，也没有女性不如男性的想法。特别是在小学的时候，女孩子不会觉得自己不如男同学。但是随着时间的流逝，那些专门针对女性的言论和偏见，演变成为隐形的枷锁，把女孩子用来冒险和飞翔的翅膀牢牢困住。时间长了之后，很多女性就忘掉了自己也有翅膀这件事情，只能羡慕地看着男性在天空中自由地翱翔。

老公很想安慰我，他身为男性，没有经历过女性遭遇的困境，不过我的话还是让他若有所思。我们性别不同，从小到大的体验也完全不同，但是我相信，男女之间依然是可以理解彼此的。只要懂得换位思考，站在对方的角度来思考问题，总会明白对方所处的困境。

现在我如愿以偿拿到驾照，上路的机会也变多，我发现原来开车真是一件简单的事情，而且我是一个很不错的司机。这件事让我开始反思，面对歧视和偏见，女性们应该联合起来，去抵抗那些错误观念的洗脑，摆脱刻板印象，拒绝性别歧视，挣脱束缚。

从今以后，我不再说“女司机开车技术差”这样的话。如果周围有人这样说，我一定会认真指出这种说法是片面的。我不会为了合群而一笑而过，我也不会在意别人说“怎么开不起玩笑”这种话，因为这样的玩笑其实一点都不好笑。我是个女司机，而且是一名优秀的女司机。

关于减肥的一些大实话

我想大部分女性深切地体会过外貌焦虑，特别是身材焦虑。青春期的时候，我们害怕因为肥胖而成为别人口中的“小胖子”，长大后担心因为身材不好而找不到男朋友，婚后生完孩子担心身材变形而被丈夫嫌弃。总之，女性无时无刻不活在焦虑中，活在男性的审视中。

拿我自己举例子，我就是一个青春期时身材肥胖的女生，也就是同学们口中的“小胖子”。作为一个胖女生，我知道体重偏胖能带来多大的困扰。这种困扰简直无处不在，除了自己内心难以摆脱的自卑感外，还要承受社会群体的负面评价和言论。

当我照镜子的时候，我厌恶自己身上的肥肉，恨不得用刀片直接把它们割下来。当你套着肥胖的躯体行走在这个世界上的时候，你会难过地发现，几乎任何人都可以对你的身材评价一番。总会有人不识趣地说：“你怎么又胖了？”甚至我妈都觉得我胖了，需要减肥。

现在的社会风气就是追求“以瘦为美”，瘦就是美，就是时尚。胖就丑，就是土，就是原罪。面对这样的社会风气，我特别想问一个问题：瘦的标准是什么？所有觉得自己胖的女孩子，先理性思考下：“你真的肥胖吗？”

我说的肥胖指的是医学检测下的肥胖。我们在体检的时候，都测量过身高体重，体检报告上会显示正常、偏重、超重或者偏瘦等。很多女性的体重其实根本就没有偏重，在正常的范围内，但是她还是觉得自己肥胖。我记得我体重一百斤的时候，体检数据就已经是正常。但是我不满意，我觉得九十斤才是完美的，我对数字有着莫名其妙的执念。

现在想来，那种瘦的定义根本就是不健康的。换个角度来说，瘦的定义是媒体宣导出来的，是时尚界的标准。比如，有句言论是“好女不过百”。超过一百斤的女生就不是好女人了？这种标准不健康、太苛刻，甚至完全是错误的。

很多人用明星、模特的标准来要求自己，我觉得这样的行为有点荒诞。明星为了上镜漂亮，必须要刻意保持身材，把自己瘦成弱不禁风的纸片人。如果你想进入时尚圈，也许你需要按照严苛的标准要求自己。但现实情况是大家都是普通人，有多少人活在时尚圈？可又有多少普通人，在用时尚界的标准来要求自己，用超模的标准来要求自己？女性为什么要对自己这么苛刻呢？

每次我看到新闻或者公众号写文章制造身材焦虑，我就特别愤怒。其实大部分女性身材是正常的，可社会营造的焦虑是你要跟模特一样，你要瘦得像排骨才好看。你生完小孩立刻要瘦下来，变成辣妈。谁在背后制造焦虑，这些焦虑的受益者又是谁呢？这是一个值得深思的问题。

我觉得青春期是最容易为身材感到焦虑的，在思想意识各方面还没有成熟的时候，很容易被大众媒体的观点洗脑。我曾经就对“瘦就是美”深信不疑，还有一个洗脑观点是“瘦下来你就会很美，一旦你美了，生活就会轻松很多，很多难题就会迎刃而解”。

实际情况是什么？我瘦了，我变成了一名“不胖的普通人”。我没有脱胎换骨的变化，我的生活也没有因为瘦了就变得一帆风顺，日子还是照样去过，只不过别人对我身材的关注减少了。瘦了之后的人生并没有逆袭，也没有开挂，一切都还是原来的样子。我的外貌依然是普普通通的，没有瘦了之后，就摇身一变成为美女。

很多女性对“瘦”的追求太过夸张，甚至把减肥当成了人生的主要任务，我不赞同这样的观点。我和女性朋友们聊天的时候，总是会听到她们嚷嚷着要减肥这样的话。还有网上的那些年轻女孩子的烦恼，大部分都是焦虑自己的体重。我觉得外貌的重要性被渲染得太过夸张，特别是对“瘦”的追求，已经成为一种接近病态的风气。

当你瘦了，你会发现人生中还有很多重要的问题需要解决，而那些，才是真正需要你去思考的问题。

随着年龄的增长，我觉得大部分女性都会看透那一堆虚无的宣传，最终会明白我们都是普通人，过着普普通通的日子。曾经那些对身材、外貌的焦虑，都随着年纪的增长而消失了。现在的我更加关注的是如何保持身体健康、如何养生、如何丰富精神世界、如何赚钱养家糊口等实际问题。

关于身材体重等问题，应该是这样的态度，如果你在体检时，体重真的偏重或者超重，那么我建议可以想办法去减肥。这种减肥更多是从健康的角度考虑，而不是从所谓的“美和时尚”的角度。

为了健康而减肥，不是一味追求“瘦”，这样的行为是理智的。当然，如果你觉得超不超重都无所谓，那我也完全支持，每个人都有自己的生活方式，为什么要把自己的想法强加给别人呢？

影响体重的因素有很多。对有些人而言，饮食对体重的影响比较大，对另一些人而言，运动对体重影响比较大，此外，还可能有基因、疾病的影响，都会使人很难瘦下来。这些因素都需要考虑，而不是刻薄地评价一个体重超重的人：“胖子的自律性都差，控制不住自己的欲望，特别贪吃，特别懒。”这种话是片面的。每个人身体情况是不同的，不能一概而论。

除了从健康的角度，我也发自内心地建议父母在孩子成长阶段，最好帮助他们控制重体，无论男女。原因是社会对个体的差异性不够包容。如果群体中有一小部分人和其他人显著不同，比如长得矮、胖、丑，家里特别穷，可能会遭到其他孩子的霸凌。

大家可以想一想，班级里是不是总是有一个胖子，这个胖子的性格很好，每天乐乐呵呵的，所有人都可以拿他开玩笑，可以取笑他。没有人会站出来说一句：“这样是不对的，请不要这样做。”没有人会制止这样的行为，似乎嘲笑胖子是一件天经地义的事情，甚至那些小胖子们都主动地扮演起“开心果”的角色，接受所有人的嘲讽。

父母觉得孩子长得壮壮实实的很好，殊不知孩子遭遇了多少羞辱和歧视。而且减肥真的是一件非常不容易的事情，特别是从小长起来的肉，想甩掉实在是太难了。

孩子在成长的过程中，如果因为这种特殊的情况而遭到歧视，会对他们的心理健康造成很大的负面影响，几乎百分百会产生自卑的心理。比如，我在青春期时因为胖，就特别自卑。虽然我现在已经不再为体重感到烦恼，但是我当时对于自己体重的愤怒，那种焦虑、不自信，至今都难以忘记。还是那句话，希望社会能够更加包容一些！

此外，我希望大家对别人的外貌可以多一些理解，少一些评价。因为很多时候，语言的暴力比肉体的暴力还要恐怖，杀伤力更大。大家可以保持礼貌的边界，少说几句，不要总是让别人减肥。国内的大环境对于女人的外貌可以毫不忌讳地评价，这其实是非常不礼貌的。

我记得有一次和一位男同事搭乘地铁，他随手指着走在我们前面的一个女孩说："你看她那么胖，还穿那种紧身的裤子，太难看了。"说完他的脸上露出了鄙夷的神情。那一瞬间我觉得有些反胃，而且对他这种习以为常的评头论足感到震惊。他却没有意识到自己的行为十分不妥当，可能他早就习惯了这种随口评价别人外貌的行为。实际上这样的社会风气很不好，需要大家一起努力去改变。

希望大家能够正确对待自己的体重，认清那只是一个数字，不能衡量你的价值。希望大家都能拥有健康的身体，并且能够愉快地接纳自己的体重。

遭受家庭暴力的女性为何难以逃离

亲身见证一场家庭暴力，我却没敢报警

又一个深夜，我被楼上家庭的吵架声惊醒，睡眼惺忪地看了一眼手机，此时接近凌晨一点。这声音隔着墙壁，变成了某种野兽低沉的嘶吼，似乎从很远的地方传来，却又仿佛萦绕在我的耳边。

我逐渐清醒，也推醒了身边熟睡的丈夫，我们一起在黑暗中侧耳倾听。女人歇斯底里的尖叫、硬物撞击墙壁的声音，还有婴儿不顾一切的哭声交织缠绕着，如同黑暗的潮水般涌入我心中。我体会到丝丝彻骨的绝望和无助，不由得打了个寒战。

“他们家怎么回事，每个月都闹一次，还让不让人睡觉了？”老公心怀不满地嘟囔着，翻个身后又沉沉睡去。

“老公，这是家暴！”我低声说。紧接着我听到桌椅与地板摩擦发出的尖锐声音。我心里“咯噔”一声，楼上的男人难道要拿家具

打人？这样打下去会出人命的。

“我要报警！”我拿起手机，想拨打电话，但是心里有些犹豫，警察会来管这些事吗？如果楼上不是家暴呢？如果被楼上男人知道是我报警，他会不会报复我呢？我感到万分纠结，迟迟不敢轻易按下那三个数字。就在我担忧的时候，楼上渐渐安静下来。

我独自起身来到阳台，一股刺鼻的香烟味扑面而来，还能听到男人低沉的喘息声，仿佛刚刚进行过剧烈的体力运动。那个男人就站在我的头顶上，即使在黑暗中，隔着墙壁，我竟然也能感受到暴力的威胁。我赶紧用双手捂住嘴巴，不让自己发出任何声音，连叹气都不敢。

我蹑手蹑脚回到床上，睁大眼睛难以入睡，全身紧张的感觉迟迟才散去。关于家暴，之前我只在影视作品里看过，从来没有如此近距离接触过。仅仅是一墙之隔，我生活在幸福快乐的天堂，而另外一个女人却住在担惊受怕的地狱里。鲁迅说人类的悲欢并不相通，但是在那个黯黑无光的深夜，我却感受到那可怜女人的悲伤。

女人难以逃离的千万种理由

我在心里朝她呐喊：“离开这个渣男，离婚吧，这种日子不要再忍下去了。”但是我知道，他们不会离婚，日子还会照常过下去。在现实生活中，也存在男性被女性家暴的情况，家暴其实没有性别之分。不过女性受家暴的比例更高，因为女性在生理结构上弱于男性，因此在出现肉体冲突时，女性多半处于弱势地位。为什么很多受到家暴的女人无法离开男人，无法离婚呢？其实是多重复杂的原因交错在一起，一步一步把被家暴者逼到绝境。

我们作为旁观者，说出“赶紧离婚吧！”这样的话，当然是轻而易举的，但是身处在婚姻关系中的女人，也不是傻子。大部分人是理性的人，懂得趋利避害，所以她们肯定会从多方面、多角度去思考问题。但是一旦仔细思考离婚这件事情，许多现实情况就不得不考虑。我们不应该指责一个在家暴婚姻中委曲求全的女人，因为造成这种局面的因素有很多。

“我不是不想离婚，可是离婚了，我靠什么生活呀”

从物质基础层面来考虑，女性是否经济独立是很重要的因素。如果女性工资收入很低，或者当家庭主妇完全没有收入，生活费都需要伸手向丈夫要，遇到家庭暴力时一般不敢轻易提出离婚。虽然丈夫的收入属于夫妻共同财产，但是很多女人在伸手要钱时，依然觉得自己低人一等。

除了自身没有收入来源外，许多女性甚至也没有原生家庭作为后盾。特别是原生家庭如果持有“嫁出去的女儿，泼出去的水”之类的观点，会认为女儿出嫁之后就是外人，和原生家庭没有太多关系。因此，这些女性无处可去，只能选择回娘家躲避时，却发现娘家也不是久留之地。

没有收入就没有底气，没有独立生活的能力，所以只能成为丈夫的附属品，靠丈夫养活。时间久了，女性就如同被圈养的宠物，逐渐失去了在野外捕食的能力。

“孩子还那么小，我真的不忍心”

为孩子考虑也是重要的原因。孩子目前还小，一旦选择离婚，孩子的抚养权很有可能被丈夫夺去，再想见到孩子的机会就会非常少。如果孩子判给女方，女方是否有能力把孩子抚养成人，在完全没有收入或收入不多的情况下，如何给孩子提供良好的生活条件？仅仅靠男方屈指可数的生活费？而且还有很多男人拒绝支付抚养费。在这种情况下，很多女性会为了孩子选择忍耐。

❧“我对丈夫还是有感情的，他只是一时冲动吧”

对丈夫还有感情，受到男人的感情迷惑。很多男人对妻子实施家庭暴力时像只疯了的狮子，结束之后又像只贴心的绵羊。这判若两人的变化经常让人感到迷惑，到底哪一个才是他的真面目？之前爆出名星把老婆打流产的新闻，据说他打完老婆之后，会为她连续做两周的早餐来道歉，这种行为确实会让很多女人心软。

有些人认为，男人施暴一般发生在情绪失控时，比如喝醉或者赌博失败后，但事实是很多男性施暴时，不仅是处于有控制力的状态，而且是有意识、有计划的行动。所以女性朋友们记住，家庭暴力哪怕出现一次，后面也会反复发作，事后弥补没有用。如果连暴力殴打都不能让你认清现实，那么只能说很难叫醒一个装睡的人。

男性的暴力胁迫也是重要原因。在一些家暴案例中，女性想通过离婚来挣脱牢笼时，男人会用暴力威胁，比如“如果离婚，我就把你全家都杀掉”或者“你这辈子都逃不出我的手掌心”等。这样的威胁对没权没势的家庭来说确实非常可怕。

❧“忍忍就过去了”

中国社会一直有“劝和不劝离”的传统思想，有句荒诞的话我在众多场合都听到过：“宁拆十座庙，不毁一桩婚。”多少女人忍不下去，想离婚的时候，七大姑八大姨都会围过来劝说你："忍忍就算了，我们都是这样熬过来的。"是啊，拳头不是落在你身上，你说起来当然轻松。或者说，他们认为大家都在受苦受难，凭什么你可以摆脱这一切？

那天早上，我看到楼上围了一群人，好像是女人的娘家人过来。丈夫低着头道歉，态度很诚恳的样子，信誓旦旦让老人们放心。老母亲摸着女儿的手絮絮叨叨地说："夫妻之间多多忍让些吧。"女人面如死灰，眼角有泪，只是沉默不语。没过多久，所有人都散去。一个破碎的家庭，仅凭他们的三言两语，岂能黏合如初！一家三口出门去，丈夫抱着儿子下楼，还朝我点头致意，从外表看上去真是彬彬有礼啊。可惜没过多久，楼上又重演家庭暴力的剧情，这一次再没有人来过。

"清官难断家务事，小两口的事情不好管"

各部门都有预防和阻止家庭暴力的责任，但是许多部门在面对家庭暴力问题时，出现的不作为和扯皮推诿之风，让被家暴者求助无门。在董珊珊案件中，董珊珊被丈夫绑架，其母多次报警未果，因为警察不愿意管这种家庭纠纷，还有警察甚至说："清官难断家务事，毕竟是小两口的事，不好管。"《人民日报》指出："家庭暴力不是家务事，是违反人权的社会问题。以隐私为借口而拒绝介入家庭暴力，只会纵容暴力，加重对受害者的伤害。"

步入婚姻需要智慧，走出婚姻需要勇气

作为一个女人，如果你还没有步入婚姻，那么我希望你拥有一颗清醒的头脑，看清楚自己所处的环境。

你可以先判断自己的家庭出身如何，家庭的经济状况并不是至关重要的因素，主要是判断如果你孤立无援时，原生家庭是否会支援你，你是否拥有后盾。如果没有，那么你只能靠自己，而且要加倍努力。

此外，判断自己的能力如何，主要指赚钱的能力。赚钱的能力和许多因素息息相关，包括教育背景、外貌、个人能力、机遇等。但是你可以大致判断，靠自己的收入是否可以自力更生，能否养活自己。尽快开始储蓄。钱是非常重要的，千万不要被消费主义洗脑，整天只知道“买买买”。

女性一定要经济独立，拥有赚钱的能力对所有人都非常重要，对女性而言尤为重要。婚姻不能成为逃避现实生活的避难所，而拥有赚钱的能力，可以让女性在遇到困难的时候更加有底气，也有选择的机会。所以，如果不是万不得已，再苦再累都要想办法挣钱。

如果考虑步入婚姻，请千万不要草率，一定要慎重考虑，多方面了解。女性一定要保护好自己的身体，尽量不要“奉子成婚”，如果在不得已的情况下结婚，后面往往会发现事情越来越糟。晚一点结婚没有任何问题，不同人的成熟时间不一样，很多人要经历过许多事情之后才能成熟，如果太早结婚，往往会后悔年轻时的冲动选择。

为了孩子更要离开不健康的婚姻。孩子成长在不安全的家庭暴力环境里，还不如在单亲家庭里长大。在电影《记忆大师》中，段奕宏饰演的角色就是在这样畸形的环境中长大的孩子，他不仅亲手杀死了自己的母亲，还谋杀了另一个受到家暴的女人，可以说家庭暴力彻底摧毁了他。一个完整而不健全的家庭中，孩子通常是另一个受害者。

无论男女，婚姻对我们而言，并不是人生幸福的全部。决定步入婚姻需要智慧，选择走出婚姻需要勇气，所有的决定权掌握在你自己手中。希望所有人都能免遭暴力，幸福生活。

后　记

我想，在许多年以后，我一定会经常回想起 2019 年，这是令人难以忘记的一年。这一年的经历，让我深深感受到生活的妙不可言。我不得不套用马云的那句耳熟能详的话：“梦想还是要有的，万一实现了呢！”

在某个普通的日子，我低头刷着豆瓣，看到网友说自己的新书马上就要出版了。当时我的心情很复杂，发自内心地羡慕，于是我也写了一条广播：“哎，我的愿望就是在有生之年，自己也能出本书。”

其实那条广播是我对自己的一种调侃，当时我内心的真实想法是：“别做梦了，这个愿望太遥远太奢侈，出书的事遥遥无期，简直想都不敢想。”

但恰恰是在发了那条广播之后，我开始接二连三收到编辑朋友们的邀请，我那小小的愿望突然实现了。其实，当我收到编辑冯运发来的出书邀约，第一反应还以为人家是个骗子呢！但是内心激动的心情是难以描述的。所以我特别想感谢冯运编辑，让我体会到心想事成的感觉。

不过话说回来，如果当初的自己能知道那条广播有如此神奇的功效，也许我应该像《老友记》里的钱德勒一样许愿："我只想要一百万美元！"

开玩笑的。幻想着发大财和辛辛苦苦写书，完完全全就是两回事，是截然不同的体验。（出书还指望发大财？你想什么呢？清醒点，起来搬砖吧！）

我在网上看到这样一段话，觉得很有意思："二十世纪九十年代的时候才流行作家梦，现在的人一心只想着发财。"这句话有道理吗？有道理，但是又不全对。因为这个世界上依然存在着无数和我一样的人，怀有小小的作家梦，认为能写出一本书来，比发大财的感觉更开心。

写作这种事情，完全属于个人爱好，其实很多时候不是写作需要我，而是我需要去写作，我的内心有很多想法，需要一个表达的出口。

对于写作这样的爱好，我想用新裤子乐队的一句歌词来描述自己的心理活动："不要嘲笑我们，我们的爱不值一提。"

我们的爱不值一提，但是我们的爱不会因为卑微而产生任何改变。我们的爱在别人眼里不值一提，但是对我而言至关重要。

最开始创作的契机，也正是因为我心中的苦闷无处抒发。通过写作，我找到了与内心对话的方式。也正是在一次又一次的书写中，我逐渐找到适合自己的方法，去面对凌乱无比的思绪，去换个角度看待问题、看待世界，去想办法让自己不再焦虑。

当初我写下来的文字，多半是为了宽慰自己。但是让我意想不到的是，许多读者对我的想法产生了共鸣。那一刻我意识到，原来我并不孤独，我有同类，这个世界上还存在着成千上万和我一样的灵魂。有无数的陌生的网友给我留言、写信，他们都告诉我同样的话："我的情况和你简直是一模一样，你描写的人就是我！"

我们在文字的世界里相逢，我们的思想相互撞击，在漆黑的夜空里绽放出璀璨夺目的火花。

当你知道这个世界上有同类的时候，即使你们素未谋面，即使你们相隔千里，即使你们只是虚无缥缈的网友，你依然会在内心深处体会到一种温暖，在你独自一人落寞的时候，感受到一丝的慰藉。

在《麦田里的守望者》一书中，有这样一段发人深省的语录："我们确实活得艰难，要承受种种外部的压力，更要面对自己内心的困惑，在苦苦挣扎中，如果有人向你投以理解的目光，你会感到一种生命的暖意，或许仅有短暂的一瞥，就足以使人感动不已。"

其实在古今中外的很多文学作品里，都能读到每一代年轻人都会经历的烦恼，迷茫、焦虑、痛苦，不知道自己的路在何方，觉得自己的未来一片迷茫。特别是在二十二岁到二十九岁这一段，常常找不到生活的意义。

对于这样的感受我深有体会，但是随着时光的流逝，伴随着人生经验的积累，当然，最重要的是青春期荷尔蒙的消散，曾经那些让我感到迷茫的障碍，都一点点不见踪影。在追寻人生意义无果的情况下，我明白我们应该给自己的人生赋予意义，试着自定义你的人生吧，你会从中找到不一样的乐趣。

我找到了写作的乐趣，这也许就是文字的力量。我在现实生活中想方设法隐藏真我，却对成千上万陌生的读者们敞开心扉。这可以算是一场前所未有的冒险，其实我的内心依然是忐忑的，因为我写下来的每一句话，都会接受读者的审视，接受他们的评判。这对我而言，就仿佛是把自己的灵魂赤裸裸地暴露在别人的眼前。在此之前，我并没有类似的经历。

我还时常会陷入深深的自我怀疑，因为我并不是什么知名作家，我给自己贴的标签就是一个普普通通的人。作为一个普通人，我的生活经历和想法值得传播吗？我可以拥有一定的话语权吗？

当然，自我怀疑并不一定全部是坏事，正是因为这种忐忑和自我怀疑，我会不断提高对自己的要求，我要求自己要保持真实，不能欺骗任何人。我要求自己所写的每一个字都应该对得起读者，对得起观众。

我没有资格去当任何人的导师，也没有能力去为谁指点迷津。但是我觉得每一个人的生活都值得记录，甚至可以说每一个人的人生都有意义，取决于你用什么样的角度去看待。

我决定把生活中的点滴记录下来，那些曾经发生过的事情，无论是快乐，还是悲伤，全部都变成我笔下的故事。我分享一段又一段小小的故事，这些故事幻化成一面面铜镜，也许你也能在其中看到自己的身影。

图书在版编目（CIP）数据

他人是如何影响我们的：恰到好处的人际关系 / 魏娅著. —北京：中国法制出版社，2020.9

ISBN 978-7-5216-0944-8

Ⅰ. ①他… Ⅱ. ①魏… Ⅲ. ①人际关系—通俗读物
Ⅳ. ①C912.11-49

中国版本图书馆CIP数据核字（2020）第037201号

策划编辑：冯运（654093944@qq.com）

责任编辑：胡艺　冯运　　封面设计：汪要军

他人是如何影响我们的：恰到好处的人际关系

TAREN SHI RUHE YINGXIANG WOMEN DE：QIADAO-HAOCHU DE RENJI GUANXI

著者 / 魏娅

经销 / 新华书店

印刷 / 北京海纳百川印刷有限公司

开本 / 710毫米 × 1000毫米　16开　　印张 / 12.5　字数 / 142千

版次 / 2020年9月第1版　　2020年9月第1次印刷

中国法制出版社出版

书号ISBN 978-7-5216-0944-8　　定价：39.80元

北京西单横二条2号　邮政编码100031　　传真：010-66031119

网址：http://www.zgfzs.com　　**编辑部电话：010-66034985**

市场营销部电话：010-66033393　　**邮购部电话：010-66033288**

（如有印装质量问题，请与本社印务部联系调换。电话：010-66032926）